THE ROUTLEDGE COURS
CHINESE MEDIA LITERACY

The Routledge Course in Chinese Media Literacy is aimed at lower advanced level students of Mandarin who wish to build media literacy in the Chinese language.

The book is written by university professors who have hands-on experience as media professionals. It gathers newsworthy authentic materials on topics covered by reporters on a day-to-day basis, and makes them accessible through pre-reading exercises, grammatical analysis, vocabulary associations, and research training for language learners.

From front page headlines to business, education, crime, and sports and entertainment, the student reader will be exposed to the full scope of news coverage and become familiar with their presentation in a Chinese context.

A companion website with audio, video, accompanying materials and a traditional Chinese edition is available at www.routledge.com/cw/li.

CHRIS WEN-CHAO LI is Professor of Linguistics at San Francisco State University.

JOSEPHINE H. TSAO is Lecturer of Chinese at San Francisco State University.

THE ROUTLEDGE COURSE IN
CHINESE MEDIA LITERACY

读新闻学中文

SIMPLIFIED CHINESE EDITION

**Chris Wen-chao Li and
Josephine H. Tsao**

Routledge
Taylor & Francis Group

LONDON AND NEW YORK

First published 2016
by Routledge
2 Park Square, Milton Park, Abingdon, Oxon OX14 4RN

and by Routledge
711 Third Avenue, New York, NY 10017

Routledge is an imprint of the Taylor & Francis Group, an informa business

British Library Cataloguing in Publication Data
A catalogue record for this book is available from the British Library

Library of Congress Cataloging-in-Publication Data
Names: Li, Wen-Chao, 1968- author. | Tsao, Josephine H., author.
Title: The Routledge course in Chinese media literacy : Simplified Chinese edition / Chris Wen-chao Li, San Francisco State University ; Josephine H. Tsao, San Francisco State University.
Description: Milton Park, Abingdon, Oxon ; New York : Routledge, NY [2016] | A companion website with accompanying practise materials, audio, video and instructor resources is available from Routledge.com. | Includes bibliographical references and index.
Identifiers: LCCN 2015037423| ISBN 9781138191136 (hardback : alk. paper) | ISBN 9781138191150 (pbk. : alk. paper) | ISBN 9781315630533 (ebook)
Subjects: LCSH: Chinese language—Textbooks for foreign speakers—English. | Chinese language—Study and teaching—English. | Chinese language—Simplified characters. | Chinese language—Sound recordings for English speakers. | Media literacy—Study and teaching. | Mandarin dialects.
Classification: LCC PL1129.E5 L5 2016 | DDC 495.1/82421–dc23
LC record available at http://lccn.loc.gov/2015037423

ISBN: 978-1-138-19113-6 (hbk)
ISBN: 978-1-138-19115-0 (pbk)
ISBN: 978-1-315-63053-3 (ebk)

Typeset in Helvetica

Publisher's Note
This book has been prepared from camera-ready copy provided by the author.

Printed and bound in Great Britain by Ashford Colour Press Ltd, Gosport, Hampshire

目录 Contents

FOREWORD

By Frederik H. Green

China is country of newspapers. The country not only boasts the world's largest market for daily papers, with roughly one hundred million copies sold every day, it also holds the record of newspapers in circulation: In 2012, there were almost two thousand! If one adds the dozens of daily papers published in Taiwan, the newspapers published in Hong Kong, and Chinese-language papers printed in the United States or Europe, the sheer immensity, complexity, and diversity of Chinese-language news media begins to become apparent. For students of Chinese language and culture wishing to familiarize themselves with current affairs and contemporary culture of today's Chinese-speaking world, there is no better way than through its rich media landscape.

If journalism in China used to be closely associated with official party organs, such as the *People's Daily*《人民日报》or *China Youth Daily*《中国青年报》whose main role was the dissemination of orthodox political thinking and the views of the Chinese Communist Party (CCP), the role and form of journalism in contemporary China has changed dramatically over the past decades. The emergence of a well-educated, largely urban middle class that is enjoying rising incomes and standards of living has fueled the demand for news while the commercialization and partial de-regularization of the press have led to the sprouting of new papers and online news portals. And while the press in mainland China remains subject to censorship, journalists have become bolder in their reporting styles as readers have grown indignant over their country's social ills, such as rampant corruption or food safety scandals. New regional papers, such as Beijing's *New Capital Daily*《新京报》or Guangzhou's *Southern Weekly*《南方周末》have become trusted sources of in-depth reporting. At the same time, readers turn to newspapers for entertainment or for guidance in matters such as education, health, or the stock market.

In Taiwan, newspapers have seen a similar transformation.

While prior to the lifting of the martial law in 1987, newspapers were under the strict control of the authoritarian Nationalist (KMT) regime, the press in Taiwan has since transformed itself into one of the freest and most vibrant in Asia. Newspapers — whether established ones, like the *China Times*《中国时报》and *United Daily News*《联合报》, or relative newcomers, such as *Liberty Times*《自由时报》— play an important role in keeping checks on government institutions and elected officials. They also impact public opinion on sensitive political issues, from cross-straits relations to weapons deals with the Unites States. And like elsewhere, newspapers in Taiwan provide celebrity gossip and current affairs columns.

Despite its relatively small size and population, Hong Kong remains a major center for Chinese-language news publications. Capturing roughly 60 percent of the market, Hong Kong's *Apple Daily*《苹果日报》is a sensationalist tabloid with a pro-democracy inclination. *Ming Pao*《明报》, on the other hand, is a more highbrow publication known for its critical columns that comment on political and cultural life in Hong Kong and greater China. Once envied for its freedom of the press unrivaled in the Chinese-speaking world, Hong Kong's media landscape has not remained unaffected by the return of sovereignty over Hong Kong from the United Kingdom to China in 1997, leading at times to self-censorship on issues concerning China or clear political alignment among papers. Finally, Chinese-language publications from outside the Chinese-speaking world, such as the Chinese version of the *New York Times* or Chinese news by the British Broadcasting Corporation (BBC), provide an additional angle on the political and cultural life in today's Chinese-speaking territories.

Gaining media literacy in Chinese is hence essential for students trying to understand or decipher the political and cultural environment in today's Sinophone societies. While the internet has made it easier for students to gain access to original news sources, as all important Chinese-language newspapers now have an online presence, reading a Chinese newspaper remains a challenge for even advanced learners. This is especially so because Chinese journalists tend to make use of a professional jargon that is characterized by extreme brevity and conciseness that at times is reminiscent of the classical written language or wenyan (文言). Even in mainland China, where official newspapers typically employed only a limited number of the most frequently used 3,500 characters in order to make printed news accessible to a general public with varying literacy levels, journalists are once more adopting a more elegant and complex reporting style that frequently results in neologisms, new acronyms, or use of grammatical patterns that students with little or no prior exposure to Chinese newspapers find difficult to absorb.

The Routledge Course in Chinese Media Literacy comes to the aid of learners at the advanced-low to advanced-mid level who wish to gain literacy in media Chinese. Originally conceptualized for integration into the Chinese Flagship curriculum at San Francisco State University, *The Routledge Course in Chinese Media Literacy* will be welcomed by instructors who wish to integrate media Chinese into their language program's advanced curriculum. Structured just like a real newspaper, *The Routledge Course in Chinese Media Literacy* consists of nine chapters, each resembling a section from a regular Chinese-language paper and each consisting of three to four original articles. The national section (当代中国), for example, contains articles on earthquake survivors from the 2008 Sichuan earthquake or on the gathering of world leaders in Beijing for an APEC summit. In the education section (校园点滴), articles on grade inflation can be found while celebrity weddings are discussed in the sports and entertainment section (影视体育).

Each article is followed by extensive vocabulary lists (关键词汇) that correspond to individual paragraphs and that focus on topic-specific core vocabulary as well as neologisms and acronyms absent from most dictionaries. Lists of sentence patterns (句型练习), on the other hand, concentrate on patterns that are regularly found in journalistic texts. In addition to facilitating student understanding of the article's syntax, these patterns will also help students develop a more formal writing style of their own. Well-structured reading comprehension (重点

理解) exercises after each article will ensure students' attentiveness to detail while a points to ponder (深度思考) section after each article will encourage students to think about the topic in a broader context. Thanks to its user-friendly approach, its topical vocabulary lists, and its grammar patterns useful for students interested in improving both reading and writing, *The Routledge Course in Chinese Media Literacy* is also suitable for self-study by advanced users who wish to transition to original unedited print-media or to practice journalistic writing themselves.

What makes *The Routledge Course in Chinese Media Literacy* particularly valuable as a textbook for media literacy, however, is its broad outlook. Inclusion of articles from all over the Sinophone world and from newspapers with different core readerships enable students to familiarize themselves with diverse journalistic practices and to discern region-specific differences in the way certain socio-political topics are reported. The broad outlook of this textbook is a reflection of the diverse experiences of its creators. As a Professor of Linguistics at San Francisco State University, Dr. Chris Wen-Chao Li (李文肇) has years of experience in teaching and analyzing all aspects of media Chinese. Having also worked as a current affairs producer for the BBC World Service, Li further possesses a media sensibility that can be acquired only while working in a newsroom. Co-author Dr. Josephine Tsao (薛筱莹) holds a doctorate in journalism and has worked as a reporter at *The China News* and as editorial writer and assistant to the Chief Editor at the *Sing Tao Daily* (U.S. West Coast edition). As the designated Flagship Instructor at San Francisco State University and a long-time lecturer at the University of San Francisco and City College of San Francisco, Tsao teaches all levels of Chinese language.

Having myself experienced the challenges that media Chinese can pose to a learner of Chinese, first as a student and now as an instructor, I can confidently say that with its captivating content, its advanced pedagogical approach, and its broad scope, *The Routledge Course in Chinese Media Literacy* will set a new standard in teaching media Chinese for years to come, defying the platitude that "nothing is older than yesterday's news."

—FREDERIK H. GREEN PHD is Assistant Professor of Chinese Literature at San Francisco State University

ABBREVIATIONS

» 【 N 】 noun
» 【 V 】 verb
» 【 A 】 adjective
» 【 P 】 preposition
» 【 S 】 clause; simple sentence
» 【 T 】 time word
» 【 Adv 】 adverb
» 【 Det 】 determiner
» 【 Aux 】 auxiliary verb; modal verb
» 【 Conj 】 conjunction
» 【 Part 】 particle
» 【 Suff 】 suffix
» 【 MW 】 measure word; classifier
» 【 NP 】 noun phrase
» 【 VP 】 verb phrase
» 【 AP 】 adjectival phrase
» 【 PP 】 prepositional phrase
» 【 CN 】 usage exclusive to mainland China
» 【 TW 】 usage exclusive to Taiwan

1 当代中国

Image courtesy of **U.S. Embassy The Hague** on Flickr.
(https://www.flickr.com/photos/usembassythehague/13756957204)

1.1 Train Station Massacre

阅读前导 Pre-reading

What vocabulary items would you need to successfully engage in a discussion of terrorism and terrorist attacks? How are these lexical items associated with each other? Are the associations the same in Chinese as they are in English? Brainstorm!

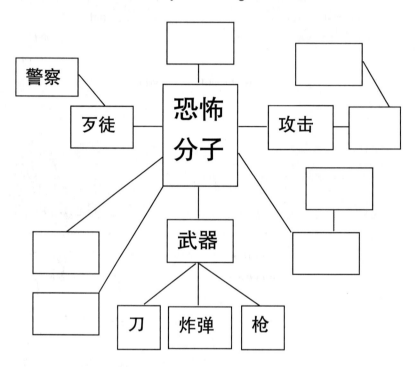

主题探索 Topic Exploration

Use the vocabulary you have compiled to answer, to the best of your ability, the following questions.

1. 恐怖分子与一般歹徒有什么不同？恐怖攻击如何不同于普通犯罪？
2. 你记忆中印象最深刻的恐怖攻击事件是哪一个？请详述其经过。

Image courtesy of **Itdp** on Flickr.
(https://www.flickr.com/photos/itdp/5667142391)

苹果日报　　　　　　　　　　　　2014.03.03

小姑娘挥砍双刀 杀戮比男人狠

【大陆中心／综合外电报导】前晚昆明火车站的血腥攻击，前后不过二十五分钟，但对历劫民众却是一辈子的恐怖记忆。有六岁女童看着父亲为了救自己，惨遭砍倒；有学生因来不及拉起被椅子绊倒的母亲，只能看着母亲遭黑衣人割喉；还有农民工夫妻为省钱在车站候车室过夜，却遇上凶案，丈夫遭乱刀砍死，夫妻天人两隔。

　　当时准备搭车从昆明返回丽江的学生王定庚，原与同学在车站门口休息区聊天，忽然听到人群传出尖叫，一抬头只见二十公尺外有多名黑衣人，拿着跟手臂一样长的砍刀砍人。在民众高喊「杀人了」的恐慌呼救中，王定庚赶忙随着人潮跑入车站大厅躲避追击。

　　「我们原以为跑到售票大厅内会安全些。没想到他们追到了人多的地方。」当时在站前广场与父母准备搭车回哈尔滨的男子王宇，在黑衣人的追击中与家人一同跑向车站旁的招待所，但途中王母亲不慎被椅子绊倒。

砍完换刀继续杀

　　王宇哽咽回忆：「我没拽起我妈，那凶手就一刀插到我妈喉咙上。」黑衣人砍完并未拔刀，反而换把西瓜刀继续追击。

3

售票大厅内是另一幕更血腥的画面，「持刀的人从售票大厅左边的一号窗口一路往右砍，」死里逃生的杨姓女子称，只见乘客四处奔逃，黑衣人挥刀追击。目击者称，袭击者中有男有女「有小姑娘杀人，挥着两把刀比男人还狠。」

拉开女儿父中刀

贵州农民潘华兵眼见六岁女儿将被砍刀触及，连忙伸手拉开女儿，自己却中刀倒地。与潘男同行的友人虽一度拨打急救电话，但忙线打不通，只好带着潘男的女儿逃离现场，而潘男在送医急救后至昨仍未脱险。

一对云南夫妻原本昨才要搭火车前往浙江打工，为省钱前晚先到火车站打地铺，没想到因此碰上袭击，丈夫遭乱刀砍死，妻子事后痛哭称：「我们都是老老实实的农民，那些人为什么要这样心狠？」

好心老板救 10 人

躲过一劫的男子杞文和表示，事发时他遭一男子和一蒙面女子追赶，幸好站前广场一间手机店老板收留了他和十多人，并将店门反锁，旅客还拿着灭火器与黑衣人隔着玻璃门对峙，黑衣人一度用刀指着人群要狠后才离开。

而车站西侧一间专卖重庆家常菜的餐厅，老板也主动招呼逃跑的旅客躲入餐厅内，小小二十四坪店面挤入两百多名避难旅客。

车站旁的超市也成避难所，多名年轻乘客反锁其中，即便警方出现清场也不敢开门，「我不敢走，太害怕了。」

民众排队等捐血

火车站派出所的警员，在第一时间试图制止黑衣人，甚至还呛：「喂，你们几个来砍我！」试图将黑衣人引至较少人处避免骚动扩大，但未能成功。火车站广场的丁姓保全也曾以棍子反击，但遭砍死，一名派出所队长因与黑衣人对抗，昨伤重不治。

血腥事件造成上百死伤，昆明各大医院血库告急。大批民众踊跃捐血，也让当地各捐血站外昨陆续出现十数公尺的罕见排队捐血人潮，为惨案画上一抹感人温情。

关键词汇 Vocabulary

HEADLINE

挥砍	huīkǎn	V	to slash (挥 to wave; 砍 to hack)
杀戮	shālù	V	to slaughter; to kill violently
狠	hěn	A/Adv	ruthless; merciless; ruthlessly; mercilessly

PARAGRAPH 1

综合	zōnghé	V	to combine
外电	wàidiàn	N	foreign news agency (reports); foreign news wires
报导	bàodǎo	V/N	to report; report(s)
昆明	Kūnmíng	N	Kunming (capital city of Yunnan province)
血腥	xiěxīng	A	bloody
攻击	(TW) gōngjí; (CN) gōngjī	N/V	attack; to attack
历劫	lìjié	V	to survive a catastrophe; to live through a dangerous incident
一辈子	yíbèizi	Adv	lifelong; for a lifetime; for one's entire life
恐怖	kǒngbù	A	horrifying; terrifying; terrorist
记忆	jìyì	N	memory
惨	cǎn	Adv	brutally
遭	zāo	Prep	= 被
被…绊倒	bèi...bàndǎo	V	to be tripped over by… and fall
割喉	gēhóu	VP	to cut a person's throat
农民工	nóngmín'gōng	N	migrant worker
凶案	xiōng'àn	N	violent incident; violent crime case
乱刀	luàndāo	N	indiscriminate hackings and stabbings
天人两隔	tiānrénliǎnggé	V	"to be separated by heaven and earth" – used to

			describe love ones being separated because one is now dead (in heaven) while the other is still living (on earth)

PARAGRAPH 2

丽江	Lìjiāng	N	Lijiang – city in Yunnan province
传出	chuánchū	V	to emanate; to spread
尖叫	jiānjiào	V/N	to scream
恐慌	kǒnghuāng	A	panic
呼救	hūjiù	V	to cry for help
随着	suízhe	V	to follow; to go along with
人潮	réncháo	N	crowds
躲避	duǒbì	V	to hide (from); to seek shelter
追击	(TW) zhuījí; (CN) zhuījī	V/N	to chase after and attack

PARAGRAPH 3

哈尔滨	Hā'ěrbīn	N	Harbin – capital of Heilongjiang province
原	yuán	Adv	originally (= 原本; 原来)
售票大厅	shòupiào dàtīng	N	ticket lobby
招待所	zhāodàisuǒ	N	lounge; rest area
途中	túzhōng	Adv	en route
不慎	búshèn	A	inadvertently

PARAGRAPH 4

哽咽	gěngyè	V/Adv	to sob; to get all choked up with tears
回忆	huíyì	V	to remember; to recall
拽	zhuài	V	to pull; to drag
插	chā	V	to stab; to insert
拔	bá	V	to pull out
西瓜刀	xīguādāo	N	watermelon knife

PARAGRAPH 5

死里逃生	sǐlǐtáoshēng	V	to barely escape the clutches of death; to have a close call
杨姓女子	Yángxìng nǚzǐ	N	a woman whose surname is Yang
称	chēng	V	to say that; to claim that
四处奔逃	sìchùbēntáo	V	to run for one's life
目击者	(TW) mùjízhe; (CN) mùjīzhe	N	witness

PARAGRAPH 6

拉开	lākāi	V	to pull (someone) away
中刀	zhòngdāo	VP	to come into contact with the blade, i.e., to be stabbed or hacked
贵州	Guìzhōu	N	Guizhou (province)
触及	chùjí	V	to come into in contact with
连忙	liánmáng	Adv	hurriedly
与···同行	yǔ...tóngxíng	V	to travel with ...(someone)
一度	yídù	Adv	at one time
拨打	bōdǎ	V	to dial (a telephone number)
忙线	mángxiàn	V	for the line to be busy; to get a busy signal
打不通	dǎ bùtōng	V	[said of phone calls] cannot get through; line busy
逃离	táolí	V	to escape from; to get away from
现场	xiànchǎng	N	the scene of the incident
潘男	Pān nán	N	man by the surname of Pan
仍未	réngwèi	VP	has not yet; is not yet
脱险	tuōxiǎn	V	to be out of harm's way

PARAGRAPH 7

前往	qiánwǎng	V	to travel to
浙江	Zhèjiāng	N	Zhejiang (province)
打工	dǎgōng	V	to work part-time; to work as a temp
省钱	shěngqián	VP	to save money
打地铺	dǎdìpù	V	to sleep on the floor; to spend the night in makeshift quarters
没想到	méixiǎngdào	Adv	[rhetorical] who would have expected
因此	yīncǐ	Adv	therefore; thus
碰上	pèngshang	V	to encounter; to run into
遭乱刀砍死	zāo luàndāo kǎnsi	VP	to be indiscriminately chopped to death
事后	shìhòu	Adv	afterwards
老老实实	laǒlaǒshíshi	A	honest; forthright; guileless
心狠	xīnhěn	A	merciless; cruel

PARAGRAPH 8

躲过一劫	duǒguòyìjié	VP	to escape disaster once
蒙面	méngmiàn	A	masked
站前广场	zhànqián guǎngchǎng	N	railway station plaza
收留	shōuliú	V	to offer shelter to someone; to offer refuge
并	bìng	Conj	also
将	jiāng	Prep	[formal] = 把
反锁	fǎnsuǒ	V	to lock from the inside
灭火器	mièhuǒqì	N	fire extinguisher
隔着	gézhe	Prep	separated by
对峙	duìzhì	V	to be at a stalemate; to confront each other
耍狠	shuǎhěn	V	to act tough

PARAGRAPH 9

西侧	xīcè	N	west side
专卖	zhuānmài	V	to sell exclusively; to specialize in
重庆	Chóngqìng	N	(city of) Chongqing
主动	zhǔdòng	Adv	voluntarily; to take the initiative
坪	píng	MW	unit of land (equal to about 35.587 square feet)
店面	diànmiàn	N	storefront
避难	bì'nàn	V	to seek refuge

PARAGRAPH 10

避难所	bì'nànsuǒ	N	refuge; shelter; sanctuary
即便	jíbiàn	Adv	even if
清场	qīngchǎng	V	to clear a place; to close up; to ask people to leave

PARAGRAPH 11

派出所	pàichūsuǒ	N	police station
第一时间	dìyī shíjiān	Adv	immediately; right away
试图	shìtú	V	to try to; to attempt to
制止	zhìzhǐ	V	to stop; to prevent
呛	qiàng	V	to provoke; to speak provocatively
引至	yǐnzhì	V	to draw...to... (至 = 到)
处	chù	N	place (= 的地方)
避免	bìmiǎn	V	to avoid
骚动	sāodòng	N	uproar; disturbance
未能	wèinéng	V	to be unable to
成功	chénggōng	V	to succeed
保全 (CN) 保安	bǎoquán; (CN) bǎo'ān	N	security guard
以	yǐ	V	to use (= 用)
棍子	gùnzi	N	stick; rod
反击	(TW) fǎnjí; (CN) fǎnjī	V	to strike back
队长	duìzhǎng	N	police squadron leader

伤重不治	shāngzhòng búzhì	V	to die of severe injury; to sustain injuries so severe that attempts at treatment ultimately fail

PARAGRAPH 12

血库	xiěkù	N	blood bank
告急	gàojí	V	to be in a state of emergency
大批	dàpī	A	large numbers of
踊跃	yǒngyuè	A/Adv	enthusiastic; enthusiastically
捐血	juānxiě	V	to donate blood
陆续	lùxù	Adv	in succession; one after another
罕见	hǎnjiàn	A	rare; rarely seen
惨案	cǎn'àn	N	massacre; tragedy
一抹	yìmǒ	Det	a touch of; a hint of
感人	gǎnrén	A	touching; moving
温情	wēnqíng	N	warmth; human kindness

句型练习 Sentence Patterns

Study the following expressions in context, then use the given samples as a template to compose your own sentences.

1. 却 (ADV) *què*; "but"; "on the other hand"
   a. 前晚昆明火车站的血腥攻击，前后不过二十五分钟，但对历劫民众却是一辈子的恐怖记忆。
   b. 有农民工夫妻为省钱在车站候车室过夜，却遇上凶案。
   c. 贵州农民潘华兵眼见六岁女儿将被砍刀触及，连忙伸手拉开女儿，自己却中刀倒地。

2. 只好 (ADV) *zhǐhǎo*; "to have no choice but to"
   a. 这对农民工夫妻为省钱，只好在车站候车室过夜。
   b. 潘男的友人虽一度拨打急救电话，但忙线打不通，只好带着潘男的女儿逃离现场。
   c. 丹尼尔·钟被遗弃在阴暗牢房 4 天无人闻问，他只好喝尿维生。

3. 没想到 (CONJ) *méixiǎngdào*; "no one would have expected"; "no one would have imagined"
    a. 我们原以为跑到售票大厅内会安全些。没想到他们追到了人多的地方。
    b. 一对云南夫妻原本昨天才要搭火车前往浙江打工，为省钱前晚先到火车站打地铺，没想到因此碰上袭击。
    c. 俄罗斯总统普丁展现「暖男」形象，为中国第一夫人彭丽媛披毛毯，但没想到彭丽媛微笑答谢后，马上脱下毛毯交给助理，让普丁好尴尬。

4. 遭 (P) *zāo*; "to meet with (a certain negative fate)"; "to be on the receiving end of (a negative action)"
    a. 六岁女童看着父亲为了救自己，惨遭砍倒。
    b. 一对云南夫妻原本昨天才要搭火车前往浙江打工，为省钱前晚先到火车站打地铺，没想到因此碰上袭击，丈夫遭乱刀砍死。
    c. 火车站广场的丁姓保全也曾以棍子反击，但遭砍死。

5. 造成 (V) *zàochéng*; "result in"; "to have caused"
    a. 血腥事件造成上百死伤，昆明各大医院血库告急。
    b. 北京话与普通话本身太过相似，也是造成北京话衰落的原因。
    c. 「越战」期间，教授为鼓励学生留在校园而免上战场，判分异常「慷慨」造成分数「膨胀」。

重点理解 Reading Comprehension

依据课文内容回答下列问题：

以下各人物分别有哪些遭遇？请连连看：
(1) 哈尔滨男子王宇   (a) 为了救六岁女儿，自己中刀
(2) 贵州农民潘华兵   (b) 丈夫遭乱刀砍死
(3) 火车站广场丁姓保全   (c) 母亲被绊倒，遭凶徒割喉
(4) 男子杞文和   (d) 被手机店老板收容
(5) 云南妇人   (e) 以棍子反击遭砍死

深度思考 Points to Ponder

广泛搜集资料佐证自身观点：

1. 这次攻击恰巧选在中华人民共和国的哪两大会议召开之际？

2. 本次闯入云南昆明火车站疯狂砍人的黑衣男女共有多少人？
他们杀人的动机是什么？ 他们使用的武器有哪些？

3. 中国的维吾尔族和汉族对于国家民族有哪些观点上的差异？
近年出现过哪些重大的种族冲突事件？

Notes

- 广泛 【guǎngfàn】 extensive; extensively
- 搜集 【sōují】 collect; gather
- 佐证 【zuǒzhèng】 to prove; to support (an argument)
- 自身 【zìshēn】 one's own
- 观点 【guāndiǎn】 point of view; viewpoint
- 恰巧 【qiàqiǎo】 by chance; coincidentally
- 中华人民共和国 【Zhōnghuá Rénmín Gònghéguó】 the People's Republic of China
- 会议 【huìyì】 meeting; conference
- 召开 【zhàokāi】 to convene
- 之际 【zhījì】 at the time of
- 本次 【běncì】 this time
- 闯入 【chuǎngrù】 to break into
- 动机 【dòngjī】 motive; intention
- 武器 【wǔqì】 weapon
- 维吾尔族 【Wéiwú'ěrzú】 the Uighur ethnic group
- 汉族 【hànzú】 the Han ethnic group, China's majority ethnic group
- 国家 【guójiā】 country; state; nation
- 民族 【mínzú】 nation; nationality
- 差异 【chāyì】 difference
- 重大 【zhòngdà】 great; significant
- 种族 【zhǒngzú】 race; racial

影音体验 Audio-Visual Experience

Watch the video segment below and see what additional details and viewpoints you can glean. Is the incident being viewed from a different perspective? Is it being described using a different set of vocabulary?

LINK: <https://www.youtube.com/watch?v=33Y2KLEWDI0>

1.2 Gathering of World Leaders

阅读前导 Pre-reading

What vocabulary items would you need to successfully engage in a discussion of a summit of world leaders? How are these lexical items associated with each other? Are the associations the same in Chinese as they are in English? Brainstorm!

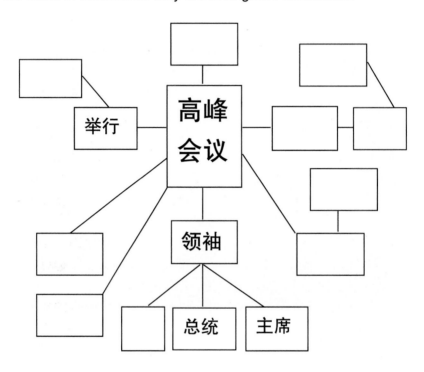

主题探索 Topic Exploration

Use the vocabulary you have compiled to answer, to the best of your ability, the following questions.

1. 当前世界主要国家的领导人分别是什么人？说出他们的名字。
2. 世界领袖高峰会议中，所讨论的问题通常有哪些？

东森新闻   2014.11.12

APEC 花絮: 欧巴马嚼口香糖挨批
普丁为彭丽媛披毯获赞

【国际中心／台北报导】亚太经合组织会议 (APEC) 11 日在北京正式落幕，这次除了会中讨论的国际议题之外，场边花絮也备受国际媒体关注。俄罗斯总统普丁展现「暖男」形象，为中国第一夫人彭丽媛披毛毯，但没想到彭丽媛微笑答谢后，马上脱下毛毯交给助理，让普丁好尴尬。另外，欧巴马走进会场时，嘴巴还不断嚼着口香糖，被大陆舆论批评是「不懂礼貌的混混」。

普丁不只威猛抓老虎，他还是窝心的「暖男」，因为 10 日晚上在室外等待焰火表演时，他怕彭丽媛着凉，抓着一件灰色毛毯要为她披上。彭丽媛微笑答谢，同一时间邻座的习近平忙着和欧巴马闲聊，完全没注意到普丁对自己太座的「亲切」举动。

可能是怕遭议论，彭丽媛随后脱下毛毯交给助理，让普丁超尴尬。不过，普丁的小动作被全球媒体大力放送后，仍然获赞贴心，而大家也都关心这件毛毯最后下落何方。

欧巴马、习近平及普丁这美中俄三大巨头，一直以来都是 APEC 的焦点，只不过这次大陆舆论对欧巴马很有意见。根据转播，欧巴马下车准备走进 APEC 会场，嘴里还不断嚼着口香糖，国际媒体都知道他吃的是戒烟糖，但大陆舆论不买单，批评他不会看场合，根本就是「不懂礼貌的混混」。

另外，21 个 APEC 会员国领袖全都搭官方安排的红旗礼车入场，唯独欧巴马坚持搭乘自己的防弹总统专车，遭批不合群。

不过，即便如此，众所瞩目的「欧习会」还是在 12 日如期登场，双方针对骇客网路安全、伊斯兰国、伊波拉及区域安全等 6 大议题来交换意见。

关键词汇 VOCABULARY

HEADLINE

花絮	huāxù	N	tidbits (of news); interesting sidelights
欧巴马	Ōubāmǎ	N	(Barack) Obama (U.S. president)
嚼	jiáo	V	to chew
口香糖	kǒuxiāngtáng	N	chewing gum
挨批	āipī	VP	to be criticized (= 被批评)
普丁	Pǔdīng	N	Vladimir Putin (Russian president)
毯	tǎn	N	blanket
彭丽媛	Péng Lìyuán	N	Peng Liyuan (first lady of China)
获赞	huòzàn	V	to win praise

PARAGRAPH 1

亚太经合组织	Yàtài Jīnghé Zǔzhī	N	Asia-Pacific Economic Cooperation (APEC)
会议	huìyì	N	meeting; conference
正式	zhèngshì	Adv	formally; officially
落幕	luòmù	V	to end (literally "to draw the curtains")
除了…之外	chúle…zhīwài	Conj	In addition to…
讨论	tǎolùn	V	to discuss
国际	guójì	A	international
议题	yìtí	N	issue(s); topic(s)
场边	chǎngbiān	N	(on the) sidelines
备受关注	bèi shòu guānzhù	VP	to attract close attention
媒体	méitǐ	N	media
总统	zǒngtǒng	N	president (of a republic)
展现	zhǎnxiàn	V	to show; to demonstrate; to exhibit
暖男	nuǎnnán	N	thoughtful man (literally "warm man")
形象	xíngxiàng	N	image

第一夫人	dìyī fūrén	N	first lady (wife of head of state)
没想到	méixiǎngdào	Adv	none would have expected
微笑	(CN) wēixiào; (TW) wéixiào	V	to smile
答谢	dáxiè	V	express appreciation; acknowledge
脱下	tuōxià	V	to take off
交给	jiāogěi	V	to give it to
助理	zhùlǐ	N	assistant
尴尬	gān'gà	A	to feel embarrassed
会场	huìchǎng	N	conference venue
不断	búduàn	Adv	continuously; nonstop
大陆	dàlù	N	mainland China
舆论	yúlùn	N	public opinion
批评	pīpíng	V/N	to criticize; criticism
混混	hùnhun	N	thug; gangster

PARAGRAPH 2

威猛	wēiměng	A	mighty and powerful
窝心	wōxīn	A	(TW) sweet
室外	shìwài	A	outdoor
等待	děngdài	V	to wait
焰火	yànhuǒ	N	fireworks
表演	biǎoyǎn	V/N	to perform; performance
着凉	zháoliáng	V	to catch cold; to catch a chill
邻座	línzuò	Adv	seated in an adjacent seat
习近平	Xí Jìnpíng	N	Xi Jinping – President of China
太座	tàizuò	N	wife
亲切	qīnqiè	A	friendly; intimate
举动	jǔdòng	N	move; action

Paragraph 3

议论	yìlùn	V	to comment on; to discuss
随后	suíhòu	Adv	soon afterwards
小动作	xiǎodòngzuò	N	little gesture(s)
全球	quánqiú	N	the whole world
大力	dàlì	Adv	vigorously; enthusiastically
放送	fàngsòng	V	broadcast
仍然	réngrán	Adv	still; yet
贴心	tiēxīn	A	thoughtful; considerate
关心	guānxīn	V	to care about; to be caring towards
下落	xiàluò	N	whereabouts
何方	héfāng	N	where

Paragraph 4

三大巨头	sāndà jùtóu	N	three heads of state
一直以来	yìzhí yǐlái	Adv	always; since the beginning
焦点	jiāodiǎn	N	focus of attention
只不过	zhǐbúguò	Adv	only just; merely
根据	gēnjù	P	according to
转播	zhuǎnbō	N	broadcast
戒烟糖	jièyāntáng	N	Nicotine gum
不买单	bù mǎidān	V	to "not buy it"; to not believe it
场合	chǎnghé	N	occasion; situation
根本	gēnběn	Adv	absolutely; simply

Paragraph 5

会员国	huìyuánguó	N	member state(s)
领袖	lǐngxiù	N	leader
搭	dā	V	to take (transportation); to ride in
官方	guānfāng	A	of or by the government; official
安排	ānpái	V	to arrange

红旗	hóngqí	N	red flag (often a symbol of the proletarian revolution)
礼车	lǐchē	N	limousine
入场	rùchǎng	VP	to enter
唯独	wéidú	Adv	only
坚持	jiānchí	V	to insist on
搭乘	dāchéng	V	travel by (plane, car, etc)
防弹	fángdàn	A	bulletproof
总统专车	zǒngtǒng zhuānchē	N	presidential limousine
不合群	bù héqún	V	to not be a good team player

PARAGRAPH 6

即便如此	jíbiàn rúcǐ	Conj	even so
众所瞩目	zhòngsuǒ zhǔmù	A	to be the focus of public attention
欧习会	Ōu Xí Huì	N	meeting between Obama and Xi
如期	(CN) rúqī; (TW) rúqí	A	as scheduled; on time
登场	dēngchǎng	V	to take place; to happen
双方	shuāngfāng	N	both sides; the two parties
针对	zhēnduì	Adv	to focus on
网路安全	wǎnglù ānquán	NP	Internet security
伊斯兰国	Yīsīlán Guó	N	the Islamic State
伊波拉	Yībōlā	N	Ebola
区域安全	qūyù ānquán	NP	regional security
等	děng	N	and so on; et cetera
交换意见	jiāohuàn yìjiàn	VP	to exchange views

句型练习 Sentence Patterns

Study the following expressions in context, then use the given samples as a template to compose your own sentences.

1. 除了…之外 *chúle…zhīwài*; "in addition to…"; "other than…"
    a. 亚太经合组织会议 (APEC) 11 日在北京正式落幕，这次除了会中讨论的国际议题之外，场边花絮也备受国际媒体关注。
    b. 一般客机除了搭载旅客之外也运送货物。
    c. 这家公司生产的电梯，除了发生本次坠楼事件之外，过去还出现过好几次故障事件。

2. 对 someone/something 很有意见 (VP) *duì…hěn yǒu yìjiàn*; "to have some unkind words to say about…"
    a. 欧巴马、习近平及普丁这美中俄三大巨头，一直以来都是 APEC 的焦点，只不过这次大陆舆论对欧巴马很有意见。
    b. 欧巴马缺席百万大游行，令各大媒体对他很有意见。
    c. 市民对政府处理这次地震灾害的应变能力很有意见。

3. 针对 (P) *zhēnduì*; "to focus on"; "to zoom in on"
    a. 不过，即便如此，众所瞩目的「欧习会」还是在 12 日如期登场，双方针对黑客网络安全、伊斯兰国、伊波拉及区域安全等 6 大议题来交换意见。
    b. 中国媒体针对欧巴马嚼口香糖一事大肆报导。
    c. 张教授因针对语言学方面有开创性的研究成果而获奖。

4. 即便如此 (CONJ) *jíbiànrúcǐ*; "even so"
    a. 21 个 APEC 会员国领袖全都搭官方安排的红旗礼车入场，唯独欧巴马坚持搭乘自己的防弹总统专车，遭批不合群。不过，即便如此，众所瞩目的「欧习会」还是在 12 日如期登场。
    b. 国际媒体都知道欧巴马吃的是戒烟糖，即便如此，大陆舆论还是不买单，批评他不会看场合，根本就是「不懂礼貌的混混」。

    c. 火车站派出所的警员，在第一时间试图制止黑衣人，即便如此，黑衣人还是所向无敌，甚至把火车站广场的丁姓保全砍死。

5. 让… (好/很/感到) 尴尬 (VP) *ràng…gān'gà*; "to let...feel embarrassed"; to put someone on the spot

    a. 俄罗斯总统普丁展现「暖男」形象，为中国第一夫人彭丽媛披毛毯，但没想到彭丽媛微笑答谢后，马上脱下毛毯交给助理，让普丁好尴尬。

    b. 一项最新研究列出了父母让孩子们感到尴尬的 10 件事，其中爸爸跳舞、公开示爱及使用青年俚语是父母最让子女难堪的三种行为。

    c. 市议员都投反对票的情况，让市长的处境很尴尬。

Image courtesy of **Day Donaldson** on Flickr.
(https://www.flickr.com/photos/thespeakernews/15760753751)

重点理解 Reading Comprehension

依据课文内容回答下列问题：

1. 俄国总统普丁将毛毯批在中国第一夫人彭丽媛身上时，中国国家主席习近平有何反应？

2. 中国网友为何将美国总统欧巴马视为「不懂礼貌的混混」？

深度思考 Points to Ponder

广泛搜集资料佐证自身观点：

1. APEC 有哪些成员国？是在何时成立的？

2. 俄国总统普丁见天冷为中国第一夫人彭丽媛披上毛毯，在你看来，是值得赞扬的绅士风范，还是有失国际礼仪的突兀之举？不同文化背景的人会不会有不同的解读？

3. 接过毛毯之后，彭丽媛立即脱下并将毛毯交给助理处理，使普丁超尴尬。在你看来，彭丽媛的举动是辜负了普丁的一片好意，还是表现出为人妻应有的忠贞不二？

Notes

▸ 成员国 【chéngyuán'guó】 member state
▸ 何时 【héshí】 when; what time
▸ 成立 【chénglì】 to found; to establish
▸ 值得 【zhídé】 to be worth; to deserve
▸ 赞扬 【zànyáng】 to praise; to commend
▸ 绅士 【shēnshì】 gentleman
▸ 风范 【fēngfàn】 demeanor; air
▸ 有失… 【yǒushī...】 to fail…; to lack… (used in fixed expressions)
▸ 国际礼仪 【guójì lǐyí】 international etiquette
▸ 突兀 【CN: tūwù; TW: túwù】 sudden; abrupt; unexpected
▸ …之举 【...zhījǔ】 an act of…
▸ 解读 【jiědú】 to analyze
▸ 立即 【lìjí】 immediately; at once; promptly

▸ 辜负 【gūfù】 to let down; to fail to live up to

▸ 好意 【hǎoyì】 good intention; kindness

▸ 表现 【biǎoxiàn】 performance

▸ 为人妻 【wéi'rénqī】 to be someone's wife

▸ 应有的 【yīngyǒude】 due; what one ought to have

▸ 忠贞 【zhōngzhēn】 loyalty; faithfulness

影音体验 Audio-Visual Experience

Watch the video segment below and see what additional details and viewpoints you can glean. Is the incident being viewed from a different perspective? Is it being described using a different set of vocabulary?

LINK: <https://www.youtube.com/watch?v=orulaHox8TQ>

1.3 Celebrity Fall from Grace

阅读前导 Pre-reading

What vocabulary items would you need to successfully engage in a discussion of a political scandal involving corruption, adultery, and murder? How are these lexical items associated with each other? Are the associations the same in Chinese as they are in English? Brainstorm!

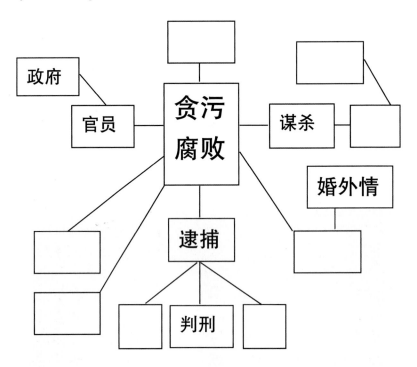

主题探索 Topic Exploration

Use the vocabulary you have compiled to answer, to the best of your ability, the following questions.

1. 有人说「权力使人腐化。」这句话你相信吗？理由是什么？
2. 如果在「能力」与「清廉」之间只能选其一，你会选择有能力但贪腐的官员，还是清廉却无能的官员？为什么？

Image by **Ming-k'un Chang**, Central News Agency.

中国时报   2012.04.11

婚外情曝光？薄妻涉毒杀海伍德

【蓝孝威／综合报导】薄熙来的妻子谷开来涉嫌故意杀人罪，被控毒死英籍友人海伍德。谷开来因聪慧的头脑、个人魅力与美丽容貌，曾被合作伙伴、美国律师拜恩形容为中国的「贾桂琳.甘乃迪」。西方媒体近日报导，这位「中国贾姬」与海伍德交恶，甚至可能因两人婚外情曝光，导致海伍德丧命。目前已确认谷开来涉故意杀人罪，但不确定究竟是情场还是商场之争所引起。

《华尔街日报》日前报导说，前重庆市公安局长王立军向美国驻成都领事馆爆料称，薄家友人、英国商人海伍德与谷开来争吵后被人下毒，死于重庆的一家饭店。王立军说，当他把这一讯息告知薄熙来后，两人闹翻。

海伍德曾告诉朋友，谷开来相信家庭小圈子中的某人背叛了他们；他失宠于谷开来后，认为自己安全堪忧。海伍德属于薄熙来内部小圈子的成员，负责照顾薄熙来之子薄瓜瓜赴英念书，更担任薄熙来洗钱的「白手套」。

海伍德对朋友透露，二〇〇七年前后谷开来曾受到腐败调查，之后她就愈发变得神经质，甚至一度要求她「小圈子」里的人与配偶离婚，并发誓效忠薄家。据那位朋友透露，海伍德说自己拒绝了。

而另一种说法更劲爆，外传谷开来和海伍德发生婚外情，薄熙来因不堪绿帽罩顶而下令杀他灭口。

自从薄熙来二〇〇四年出任中国商务部长、二〇〇七年担任重庆市委书记以来，谷开来就逐渐淡出公众视线。熟悉薄家的友人也证实，近年来，忧郁、担心遭背叛以及与丈夫薄熙来越来越疏远的关系，一直困扰着谷开来。薄熙来连续长时间地工作是出了名的，他认为凭自己的条件理应跻身中共最高领导层，他也在为此而努力奋斗。

而据《华尔街日报》调查发现，谷开来过去廿年一直从事中、美、英三国的商务活动。她经营着自己的公司，这家公司的中文名字是「开来律师事务所」，其英文名称是Law Office of Horus L. Kai。谷开来还参与了荷鲁斯咨询投资公司（Horas Consultancy & Investment）的业务。在上世纪九〇年代中国经济呈现爆炸式增长时，该公司为想在中国做生意的客户提供顾问服务。英国商人海伍德就是从那时起，逐渐打入薄家的核心。

或许因为涉入薄家贪腐内幕太深，或是卷入薄家巨额资金转移，海伍德最终赔上自己一条命。

关键词汇 Vocabulary

HEADLINE

婚外情	hūnwàiqíng	N	extramarital affair
曝光	pùguāng	V	to be exposed
妻	qī	N	wife
涉	shè	Adv	to be accused of; allegedly
毒杀	dúshā	V	to kill by poisoning
海伍德	Hǎi Wǔdé	N	Neil Heywood

PARAGRAPH 1

薄熙来	Bó Xīlái	N	Bo Xilai (former Communist Party

			Secretary of Chongqing)
妻子	qīzi	N	wife
谷开来	Gǔ Kāilái	N	Gu Kailai – wife of Bo Xilai
涉嫌	shèxián	V	to be accused of; allegedly
故意杀人罪	gùyì shārénzuì	NP	voluntary manslaughter
被控	bèikòng	V	to be charged with
毒死	dúsǐ	V	to kill by poisoning
英籍	yīngjí	A	British
聪慧	cōnghuì	A	intelligent
头脑	tóunǎo	N	brains; mind
个人魅力	gèrén mèilì	NP	personal charisma
美丽容貌	měilì róngmào	N	attractive looks
曾	céng	Adv	once; to be known to
被形容为	bèi xíngróng wéi	V	to be described as
合作伙伴	hézuò huǒbàn	N	partner in collaboration
拜恩	Bài Ēn	N	Ed Byrne (former colleague of Gu Kailai)
贾桂林.甘乃迪	Jiǎguìlín Gānnǎidí	N	Jacqueline Kennedy
近日	jìnrì	Adv	recently; of late
贾姬	Jiǎjī	N	Jackie (= Jacqueline Kennedy)
交恶	jiāo'è	V	to become enemies
甚至	shènzhì	Adv	to go so far as to
导致	dǎozhì	V	to result in
丧命	sàngmìng	V	to lose one's life; to get killed
确认	quèrèn	V	to confirm
涉	shè	V	to get involved in
究竟	(CN) jiūjìng; (TW) jiùjìng	Adv	exactly; precisely
情场	qíngchǎng	N	the game of love
商场	shāngchǎng	N	the world of business
之争	zhīzhēng	N	battle between
引起	yǐnqǐ	V	to cause

PARAGRAPH 2

华尔街日报	Huá'ěrjiē Rìbào	N	*The Wall Street Journal*
日前	rìqián	Adv	a few days ago
前公安局长	qián gōng'ān júzhǎng	N	former police chief
重庆市	Chóngqìngshì	N	(City of) Chongqing
王立军	Wáng Lìjūn	N	Wang Lijun (former police chief)
爆料	bàoliào	V	to break the news
称	chēng	V	to claim
领事馆	lǐngshìguǎn	N	consulate
争吵	zhēngchǎo	V	to quarrel
下毒	xiàdú	V	to poison
讯息	(CN) xùnxī; (TW) xùnxí	N	news; information
告知	gàozhī	V	to inform; to tell
闹翻	nàofān	V	to have a falling out

PARAGRAPH 3

小圈子	xiǎoquānzi	N	coterie; circle
某人	mǒurén	N	someone
背叛	bèipàn	V	to betray
失宠	shīchǒng	V	to be out of favor
堪虑	kānlǜ	V	to be cause for worry
属于	shǔyú	V	to belong to
成员	chéngyuán	N	member
之子	zhīzǐ	N	son of (= 的儿子)
薄瓜瓜	Bó Guāguā	N	Bo Guagua (son of Bo Xilai)
赴	fù	V	to go to; to travel to
担任	dānrèn	V	to serve as
洗钱	xǐqián	V	to launder money
白手套	báishǒutào	N	"white gloves": refers to a middleman for money laundering under a seemingly legitimate front

PARAGRAPH 4

透露	tòulù	V	to disclose; to reveal
腐败	fǔbài	N/A	corruption; corrupt
调查	diàochá	V/N	investigate; investigation
愈发	yùfā	Adv	increasingly
变得	biànde	V	to become
神经质	(TW) shénjīngzhí; (CN) shénjīngzhì	A	neurotic
一度	yídù	Adv	one time
配偶	pèi'ǒu	N	spouse
离婚	líhūn	V	to divorce
发誓	fāshì	V	to swear an oath; to promise
效忠	xiàozhōng	V	to pledge loyalty to
拒绝	jùjué	N/V	refusal; to refuse

PARAGRAPH 5

而	ér	Conj	whereas
劲爆	jìnbào	A	explosive; sensational
外传	wàichuán	Adv	according to rumor
不堪	bùkān	V	can't withstand
绿帽罩顶	lǜmào zhàodǐng	V	"to wear a green hat" (idiom meaning for one's wife to have an affair with another man)
下令	xiàlìng	V	to give an order; to decree
杀人灭口	shārén mièkǒu	V	to kill the witness

PARAGRAPH 6

自···以来	zì...yǐlái	Adv	ever since ...
出任	chūrèn	V	to serve as
商务部长	shāngwù bùzhǎng	N	secretary of commerce
担任	dānrèn	V	to serve as
重庆市委书记	Chóngqìng Shìwěi Shūjì	N	Chongqing Party Secretary

逐渐	zhújiàn	Adv	gradually; slowly
淡出视线	dànchū shìxiàn	VP	fade out of sight
公众	gōngzhòng	N	the public
熟悉	(CN) shúxī; (TW) shóuxī	V	to be familiar with
证实	zhèngshí	V	to confirm; to verify
近年来	jìnniánlái	Adv	in recent years
忧郁	yōuyù	N	depression
担心	dānxīn	V	to worry
背叛	bèipàn	V	to betray
疏远	shūyuǎn	A	estranged; distant
困扰	kùnrǎo	V	to trouble; to bother
连续	liánxù	Adv	continuously; one after another
凭	píng	V	to be based on; to rely on
条件	tiáojiàn	N	qualifications; qualities
理应	lǐyīng	V	should be able to reasonably expect
跻身	jīshēn	V	to join the ranks of
中共	zhōnggòng	N	Chinese Communist Party
领导层	lǐngdǎocéng	N	leadership
为此	wèicǐ	Adv	to this end
努力	nǔlì	V	to strive; to work hard
奋斗	fèndòu	V	to struggle

PARAGRAPH 7

从事	cóngshì	V	to ply a trade; to work in a certain profession
商务活动	shāngwù huódòng	NP	business activities
经营	jīngyíng	V	to run; to operate (a business)
律师事务所	lǜshī shìwùsuǒ	N	law firm
其	qí	Det	one's
参与	cānyù	V	to participate in
咨询投资公司	zīxún tóuzī gōngsī	N	investment consulting firm

业务	yèwù	N	business
上世纪	shàng shìjì	N	the previous century (20th century)
九〇年代	jiǔlíng niándài	N	the 1990s
经济	jīngjì	N	economy
呈现	chéngxiàn	V	to show
爆炸式	bàozhàshì	A	explosive
增长	zēngzhǎng	N	growth
该公司	gāi gōngsī	N	the aforementioned company
客户	kèhù	N	client(s)
提供	tígōng	V	to provide
顾问服务	gùwèn fúwù	N	consultancy service(s)
打入…的核心	dǎrù...de héxīn	VP	to join the inner circle of…

PARAGRAPH 8

或许	huòxǔ	Adv	perhaps; maybe
涉入	shèrù	V	to be involved in
内幕	nèimù	N	inside story
深	shēn	A	deep
卷入	juǎnrù	V	be involved in; to be dragged into
巨额资金转移	jù'é zījīn zhuǎnyí	N	the transfer of huge sums of money
最终	zuìzhōng	Adv	in the end
赔上一条命	péishàng yìtiáomìng	VP	to lose one's life

句型练习 Sentence Patterns

Study the following expressions in context, then use the given samples as a template to compose your own sentences.

1. 涉嫌 (V) shèxián; "to be accused of"; "allegedly"
    a. 薄熙来的妻子谷开来涉嫌故意杀人，被控毒死英籍友人海伍德。
    b. 辛普森在 1994 年因涉嫌杀人而被警察追捕。

    c. 目前，该校已认定石元伍涉嫌抄袭，其系主任职务被暂停。

2. 被控 (VP) *bèikòng*; "to be accused of"
    a. 薄熙来的妻子谷开来涉嫌故意杀人，被控毒死英籍友人海伍德。
    b. 辛普森被控杀害妻子，但最后无罪释放。
    c. 因为被控集体作弊，该班学生的数学成绩一律零分。

3. 被形容为 (VP) *bèi xíngróngwéi*; "to be described as"
    a. 谷开来因聪慧的头脑、个人魅力与美丽容貌，曾被合作伙伴、美国律师拜恩形容为中国的「贾桂林.甘乃迪」。
    b. 香港的学生和民众在争取真普选的游行示威中纷纷举起雨伞，这场游行因而被外国传媒形容为「雨伞革命」。
    c. 这三名凶嫌被形容为「极为聪明的学生」，不但贩毒给死者，还将她杀害。

4. 自…以来 (ADV) *zì...yǐlái*; "ever since"
    a. 自从薄熙来二〇〇四年出任中国商务部长、二〇〇七年担任重庆市委书记以来，谷开来就逐渐淡出公众视线。
    b. 许多生活在贫困国家的小孩自出生以来从未吃过一顿饱饭。
    c. 人民币近日连连下挫，是人民币自 1994 年以来最为惨烈的贬势。

5. 甚至 (ADV) *shènzhì*; "to go so far as to"
    a. 火车站派出所的警员，在第一时间试图制止黑衣人，甚至还呛：「喂，你们几个来砍我！」试图将黑衣人引至较少人处避免骚动扩大，但未能成功。
    b. 为了通过托福考试，这位学生甚至把整本英文字典背起来。
    c. 在纽约，华人聚集区的医院甚至有半数产妇来自中国。

重点理解 Reading Comprehension

依据课文内容回答下列问题：

1. 薄熙来之妻谷开来毒死英商海伍德（Neil Heywood）之事，是由薄熙来身边的什么人传出来的？他为什么要抖出这个消息？

2. 遇害前，海伍德是否知道自己生命有危险？他曾将此事告诉了什么人？

3. 你相信是谷开来毒死海伍德的吗？其谋杀动机为何？

深度思考 Points to Ponder

广泛搜集资料佐证自身观点：

1. 薄熙来担任重庆市委书记时，曾大力推动「唱红打黑」，赢得广大市民的支持。何谓「唱红打黑」？重庆人如今对于「唱红打黑」有何观感？

2. 本案受害人海伍德（Neil Heywood）曾担任薄熙来之子薄瓜瓜的保母。薄瓜瓜曾留学美、英，在海外时也多次登上新闻版面。他在海外被控有哪些脱序的表现？

3. 报导称薄熙来之妻谷为「中国贾姬」。贾姬是谁？她以什么出名？

Notes

- 曾 【céng】 was once; was at one time
- 担任 【dānrèn】 to assume the office of; to hold the post of
- 市委 【shìwěi】 municipal party committee
- 书记 【shūjì】 secretary
- 大力 【dàlì】 enthusiastically; vigorously
- 推动 【tuīdòng】 to promote
- 唱红打黑【chànghóngdǎhēi】 "to praise the red and fight the black"; i.e., to revive revolutionary communism and fight organized crime
- 赢得 【yíngdé】 to win
- 有何… 【yǒuhé…】 = 有什么…

▸ 观感 【guān'gǎn】 impressions; thoughts

▸ 本案 【běn'àn】 this case; this incident

▸ 受害人 【shòuhàirén】 victim

▸ 保母 【bǎomǔ】 babysitter; nanny (= 保姆)

▸ 海外 【hǎiwài】 overseas; abroad

▸ 登上 【dēngshàng】 to be elevated to

▸ 版面 【bǎnmiàn】 page of a newspaper

▸ 被控 【bèikòng】 to be accused of

▸ 脱序 【tuōxù】 unscripted; out of order

▸ 以…出名 【yǐ...chūmíng】 to be famous for; to be well-known for

影音体验 Audio-Visual Experience

Watch the video segment below and see what additional details and viewpoints you can glean about the fall of Bo Xilai. Is the incident being viewed from a different perspective? Is it being described using a different set of vocabulary?

LINK: <https://www.youtube.com/watch?v=CmRsYK-4GOg>

BUSINESS

2 财经产业

Image courtesy of **Masaru Kamikura** on Flickr.
(https://www.flickr.com/photos/kamikura/4670300367)

2.1 Housing Prices

阅读前导 Pre-reading

What vocabulary items would you need to successfully engage in a discussion of the rising price of housing? How are these lexical items associated with each other? Are the associations the same in Chinese as they are in English? Brainstorm!

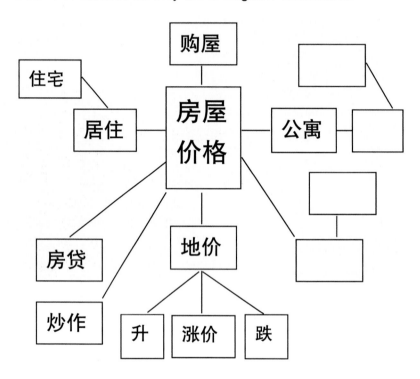

主题探索 Topic Exploration

Use the vocabulary you have compiled to answer, to the best of your ability, the following questions.

1. 你目前每月收入，有多少比例用于付房租？这个租房价格合理吗？
2. 毕业找到工作以后，你希望租房还是买房？为什么？

经济日报   2014.10.05

提五大诉求 批财团炒地是「抢劫」
巢运怒吼 两万人夜宿仁爱路

【记者郭及天／台北报导】巢运团体昨（4）日在台北市仁爱路三段豪宅「帝宝」前发动「巢运 104 夜宿仁爱路」活动，吸引近 2 万名民众参与，抗议目前的高房价与住宅政策失序，主张居住是国民基本权利，诉求「灭金权、争公平」。

由于近年房价高涨，「巢运」由 25 年前无壳蜗牛运动发起人李幸长，结合 25 年前的「老蜗牛」与 101 个弱势及公民团体等，推动大规模居住改革的群众运动，并再度走向街头。巢运团体指出，不是要政府提供买得起的房子，而是要提供住得起的房子。25 年来，台湾居住问题没有得到解决，反而更加恶化，一般民众买不起房子，政治人物不敢得罪地产商，财团从炒地皮中获利。

李幸长表示，1987 至 1989 年一年多的时间，台湾房价涨了五倍，至今又再涨三倍，30 年前一户 100 万元的房子，现在值 1,500 万元。年轻人所得未提升，财团炒作地皮，是一小群人抢劫一大群人，只有推动房地产涨价归国家所有，实价课增值税，广推公共住宅，才能改善住宅环境失序问题。

巢运团体表示，夜宿抗议只是开端，将同步推动「五大居住改革」的倡议修法工作，并将此列为 2016 年总统大选前的核心任务。

五大居住改革为：居住人权入宪，终结强拆迫迁；改革房产税制，杜绝投机炒作；检讨公地法令，停建合宜住宅；广建社会住宅达 5%，成立住宅法人；扩大租屋市场，制订租赁专法。不过，台湾的居住问题经纬万端，由来已久，牵涉供需、法令、制度和城乡发展等不同层面的问题，恐非一朝一夕可以解决。

Image courtesy of **brian_** on Flickr.
(https://www.flickr.com/photos/bryansjs/15798577569)

关键词汇 Vocabulary

HEADLINE

提	tí	V	to propose
诉求	sùqiú	N	demand
批	pī	V	to criticize
财团	cáituán	N	consortium; financial group
炒地	chǎodì	VP	to speculate on real estate (= 炒地皮 = 炒作地皮)
抢劫	qiǎngjié	V	to rob; to loot
巢运	Cháoyùn	N	Housing Movement
怒吼	nùhǒu	V	to roar; to howl
夜宿	yèsù	V	to spend the night at...
仁爱路	Rén'àilù	N	Ren'ai Road (in Taipei)

PARAGRAPH 1

团体	tuántǐ	N	organization; group; team

豪宅	háozhái	N	luxury mansion
帝宝	Dìbǎo	N	The Royal Palace (luxury residential complex in Taipei)
发动	fādòng	V	to start; to launch
活动	huódòng	N	activity; movement
吸引	xīyǐn	V	to attract; to draw
近	jìn	Adv	nearly; close to
民众	mínzhòng	N	the masses; crowds
参与	cānyù	V/N	to participate in; participation
住宅政策	zhùzhái zhèngcè	N	housing policy
失序	shīxù	A	to be out of order
主张	zhǔzhāng	V	advocate; stand for
国民	guómín	N	citizen
基本权利	jīběn quánlì	N	fundamental right
灭金权	miè jīnquán	VP	to battle corruption
争公平	zhēng gōngpíng	VP	to fight for justice

PARAGRAPH 2

无壳蜗牛	(CN) wúké wōniú; (TW) wúké guā'niú	N	a snail without a shell (metaphor for renters who can't afford to buy their own home)
发起人	fāqǐrén	N	founding member; organizer
弱势	ruòshì	A	weak; vulnerable; disadvantaged
公民团体	gōngmín tuántǐ	N	citizen group
大规模	dàguīmó	A	large-scale; massive
推动	tuīdòng	V	to promote
改革	gǎigé	V	to reform
群众运动	qúnzhòng yùndòng	N	popular movement; mass campaign
再度	zàidù	Adv	once more; a second time; once again
走向街头	zǒuxiàng jiētóu	VP	to take to the streets; to go on a demonstration
指出	zhǐchū	V	to point out
更加	gèngjiā	Adv	even more

恶化	èhuà	V	to worsen; to deteriorate
政治人物	zhèngzhì rénwù	N	political figure
不敢得罪	bùgǎn dézuì	V	to dare not offend or displease
地产商	dìchǎnshāng	N	real estate developer
从…中获利	cóng…zhōnghuòlì	V	to benefit from…

PARAGRAPH 3

涨价	zhǎngjià	V	to rise in price
归…所有	guī…suǒyǒu	V	to belong to…
实价	shíjià	N	actual price
课…税	kè…shuì	VP	to levy…tax
增值税	zēngzhíshuì	N	added-value tax; capital gains tax (增值= increase in value; appreciation)
广推	guǎngtuī	V	to promote; to publicize
公共住宅	gōnggòng zhùzhái	N	public housing; government (low-income) housing
改善	gǎishàn	V	to improve

PARAGRAPH 4

开端	kāiduān	N	beginning; start
同步	tóngbù	Adv	simultaneously
倡议	chàngyì	V	to propose; to advocate
修法	xiūfǎ	VP	to amend the law
列为	lièwéi	V	to list as
总统大选	zǒngtǒng dàxuǎn	N	presidential election
核心	héxīn	N/A	core
任务	rènwù	N	mission; task

PARAGRAPH 5

入宪	rùxiàn	V	to write into the constitution
终结	zhōngjié	V	to end; to terminate
强拆	qiángchāi	V	to demolish by force (= 强制拆除)

迫迁	pòqiān	V	to force to relocate (= 强迫迁移)
房产税制	fángchǎn shuìzhì	N	property tax system
杜绝	dùjué	V	to stop; to put an end to
投机	tóujī	A/Adv	speculatively; opportunistically
炒作	chǎozuò	V/N	(to engage in) pricing speculation
检讨	jiǎntǎo	V	to review; to reevaluate
公地	gōngdì	N	public land
法令	fǎlìng	N	law(s); regulation(s)
合宜住宅	héyízhùzhái	N	affordable housing
广建	guǎngjiàn	V	to build on a large scale; to build extensively
社会住宅	shèhuìzhùzhái	N	social housing
法人	fǎrén	N	<legal> legal person
租屋市场	zūwū shìchǎng	NP	rental housing market
制订	zhìdìng	V	to draw up; to legislate
租赁	zūlìn	N	leasing; rental
专法	zhuānfǎ	N	special law

句型练习 Sentence Patterns

Study the following expressions in context, then use the given samples as a template to compose your own sentences.

1. 近… (ADV) *jìn…*; "nearly"; "close to"
   a. 巢运团体昨日在台北市仁爱路三段豪宅「帝宝」前发动「巢运 104 夜宿仁爱路」活动，吸引近 2 万名民众参与。
   b. 老王在电视购物频道以十二期无息分期买了笔记本电脑，每个月只要一百多美元就拥有近两千美元的高档计算机！
   c. 25 年前，忠孝东路地段当时的实际地价每坪约 150 万元新台币，现在涨破 1,400 万元，爆涨将近 10 倍。

2. X 年来 (ADV) …*niánlái*; "over the past X years"
   a. 25 年来，台湾房地产价格依然不断飙涨，而且情况更为恶化，高居民怨之首。

b. 十多年来，油价一直飙涨，直到最近价格终于开始下滑。

c. 为让孩子「免当中国人」，中国孕妇这一两年来疯狂涌向美国生产。

3. 从…中获利 (V) *cóng...zhōng huòlì*; "to benefit from it"; "to make a profit from it"

    a. 25 年来，台湾居住问题不但没得到有解决，反而更加恶化，一般民众买不起房子，政治人物不敢得罪地产商，财团从炒地皮中获利。

    b. 过去几年来，财团在全国各地炒地皮，让许多投机分子从中获利。

    c. 他在全国各地搜购进口二手车，再高价转卖，从中获利。

4. 为 (V) *wéi*; "to be" (formal)

    a. 无壳蜗牛提出的五大居住改革为：一，居住人权入宪；二，改革房产税制；三，检讨公地法令；四，广建社会住宅达 5%；五，扩大租屋市场。

    b. 为虔诚基督徒，林书豪并未因全美媒体疯狂聚焦在他身上而得意忘形。

    c. 加州现在的最低时薪也只是 8 美元，美国联邦规定的最低时薪更低，为 7.25 美元。

5. 只有…才… *zhǐyǒu...cái...*; "only if...can one..."

    a. 只有推动房地产涨价归国家所有，实价课增值税，广推公共住宅，才能改善住宅环境失序问题。

    b. 巢运发起人李幸长表示，只有政府提供人民住得起的房子，无壳蜗牛的居住问题才能解决。

    c. 欧美的医生只有在万不得已的情况下才允许病人使用抗生素。

重点理解 Reading Comprehension

依据课文内容回答下列问题：

1. 本次「巢运」行动，距离台北市前一次的大规模居住权利抗议活动相隔多少年？中间台北市的居住正义有没有改善？

2. 报导中提到，台湾房价高涨的主要原因是什么？以台北市的忠孝东路地段为例，过去二十五年房价涨了多少倍？

3. 「巢运」的发动者提出了哪些具体要求？你认为这些主张可行吗？

深度思考 Points to Ponder

广泛搜集资料佐证自身观点：

1. 你所居住的地区，房价与薪水是否成比例？年轻人平均需要工作多少年才买得起自己的房子？

2. 你认为政府是否应该采取措施阻止房价炒作？可以采取哪些措施？请举实例。

3. 目前世界房价最高的是哪些地区与城市？这些地区造成房价高涨的原因是什么？

Notes

- 地区【dìqū】area; district; region; prefecture
- 比例【bǐlì】proportion; scale
- 平均【píngjūn】average; on average
- 需要【xūyào】to need
- 认为【rènwéi】to consider; to believe
- 采取【cǎiqǔ】to adopt
- 措施【cuòshī】measure; step
- 阻止【zǔzhǐ】to prevent; to stop
- 炒作【chǎozuò】to speculate on (in a financial sense)
- 举实例【jǔ shílì】to give an actual example
- 目前【mùqián】at present; at the moment

影音体验 Audio-Visual Experience

Watch the video segment below and see what additional details and viewpoints you can glean. Is the incident being viewed from a different perspective? Is it being described using a different set of vocabulary?

LINK: <https://www.youtube.com/watch?v=4_ml8bN4Jfo>

2.2 Minimum Wage

阅读前导 Pre-reading

What vocabulary items would you need to successfully engage in a discussion of raising the minimum wage? How are these lexical items associated with each other? Are the associations the same in Chinese as they are in English? Brainstorm!

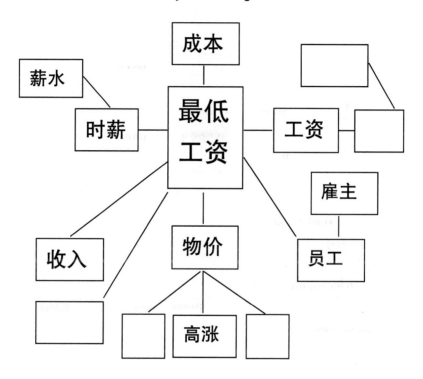

主题探索 Topic Exploration

Use the vocabulary you have compiled to answer, to the best of your ability, the following questions.

1. 你所居住的地区，有最低工资的规定吗？如果有，最低时薪是多少？
2. 你所居住的地区，每月需赚多少收入才能安稳生活？如此换算得出的最低时薪应是多少？

大纪元时报　　　　　　　　　　　　　2013.12.15

旧金山湾区评论

王骏: 旧金山最低时薪到 15 美元是祸是福

【大纪元 2013 年 12 月 15 日讯】旧金山市的最低时薪要涨到 15 美元，可能会让许多人吓一跳！这是几家欢乐、几家愁的事。对于拿工资的人来说，有法律保护，拿到比现在高出 30 ~ 50% 的时薪自然是好事；但是，对于商家和老板来说，特别是在中国城的小店和餐馆，要从薄利中拿出那么多钱，可能就意味着生意会做得更加艰辛。

上面讲的旧金山市的最低时薪要再涨，不是空穴来风，因为许多人都在支持这个提案。市长李孟贤就公开支持提高市内最低时薪，他希望能将相关提案纳入 2014 年选票，由旧金山选民公投决定。

旧金山市现在的法定最低时薪是 10.55 美元，明年开年就会涨到 10.74 美元；旧金山的最低时薪最近一直是领跑全美国，一枝独秀。加州现在的最低时薪也只是 8 美元，美国联邦规定的最低时薪更低，为 7.25 美元，而美国几乎所有州的最低时薪都比旧金山的要低（乔治亚州最低 5.15 美元，华盛顿州最高达 9.19 美元）。

最近，增加时薪好像是一个时髦风潮。加州州长布朗已经签署该项法案，在明年 7 月将最低时薪提升至 9 美元，到 2016 年 1 月提升至 10 美元。奥巴马总统也提议，要将联邦最低时薪从现在的 7.25 美元提高至 10.10 美元。

就像全民健保一样，增加时薪一直是美国民主党的主要议题，几乎每次到了掌权时，都会提出要加码。而 2、3 年内就要涨 30 ~ 50% 那么大的幅度，那是最近几年的事。而共和党一般支持和保护一些业主的利益，不太同意大幅度增加时薪，因为那样意味着生意成本的增加。对于一些薄利的行业，员工工资上涨 30 ~ 50%，等于是自杀行为。

最低时薪，是一个非常有意义的度量；但最低工资的高涨是一把双刃剑。它保护了工人的收入和生活水平当然是好事，但是，羊毛出在羊身上，过高的最低工资最后也会伤害到华埠的生意和市场。对于旧金山中国城的许多商家，难处可能就更大。「得利点心」糕品店老板因为最低时薪的事，被市府狠狠地罚了一次，这个典型案例对于华埠的影响和伤害至今还没有消除。

旧金山这个时候再要大涨最低时薪，对于华埠生意，可能是雪上加霜。「中央地铁」施工对于许多商家构成了很大的影响，有的商家生意减少了 50%；而另一方面，员工的工资却要大涨。商家可能可以用提价来应对，但是，从湾区其他城市来旧金山华埠的人流量因为交通的不便、因为施工的阻塞在减少；提高价钱后的华埠，在价格上的相对优势就会不再。所以，华埠一些商家的担忧，可能还是有一些道理。

Image courtesy of **Fibonacci Blue** on Flickr.
(HTTPS://WWW.FLICKR.COM/PHOTOS/FIBONACCIBLUE/17137723666)

关键词汇 Vocabulary

HEADLINE

旧金山	Jiùjīnshān	N	San Francisco
湾区	Wānqū	N	(San Francisco) Bay Area
评论	pínglùn	N	commentary
时薪	shíxīn	N	hourly wage; 最低时薪 minimum hourly wage
祸	huò	N	curse; disaster
福	fú	N	blessing

PARAGRAPH 1

涨	zhǎng	V	to rise; to increase
几家欢乐几家愁	jǐjiāhuānlè jǐjiāchóu	V	to be good for some and bad for others
工资	gōngzī	N	wage; salary
法律	fǎlǜ	N	the law
薄利	bólì	N	slim profit(s)
意味着	yìwèizhe	V	to imply
生意	shēngyì	N	business
更加	gèngjiā	Adv	even more
艰辛	jiānxīn	A	difficult; full of hardships

PARAGRAPH 2

空穴来风	(CN) kōngxuéláifēng; (TW) kōngxuèláifēng	V	to be without substance (literally "wind from an empty cave")
支持	zhīchí	V	to support
提案	tí'àn	N	proposition
市长	shìzhǎng	N	mayor
李孟贤	Lǐ Mèngxián	N	Ed Lee (mayor of San Francisco)
公开	gōngkāi	A	public; open
市内	shìnèi	A	municipal; within the city
纳入	nàrù	V	to bring within; to include in
选票	xuǎnpiào	N	vote(s)

选民	xuǎnmín	N	voter(s)
公投	gōngtóu	N	referendum; short for 公民投票

PARAGRAPH 3

法定	fǎdìng	A	mandated by law
领跑	lǐngpǎo	V	to lead; to be at the forefront of
一枝独秀	yìzhīdúxiù	N	to be uniquely favored
联邦	liánbāng	A	federal
规定	guīdìng	V	to mandate; to require
几乎	jīhū	Adv	almost
所有	suǒyǒu	Det	all
州	zhōu	N	state
乔治亚州	Qiáozhìyàzhōu	N	(State of) Georgia
华盛顿州	Huáshèngdùnzhōu	N	(State of) Washington

PARAGRAPH 4

增加	zēngjiā	V	to increase
时髦	shímáo	A	fashionable; trendy
风潮	fēngcháo	N	fashion; craze; trend
加州	Jiāzhōu	N	(State of) California
州长	zhōuzhǎng	N	governor
布朗	Bùlǎng	N	Jerry Brown (governor of California)
签署	qiānshǔ	V	to sign
该	gāi	Det	the aforementioned
项	xiàng	MW	Item
法案	fǎ'àn	N	bill; legislative proposition
提升	tíshēng	V	to raise
奥巴马	Àobāmǎ	N	(Barack) Obama
总统	zǒngtǒng	N	president
提议	tíyì	V	to suggest; to propose

PARAGRAPH 5

全民健保	quánmín jiànbǎo	NP	universal health care; healthcare for all
民主党	Mínzhǔdǎng	NP	Democratic Party

议题	yìtí	N	issue; topic
掌权	zhǎngquán	V	to be in power
加码	jiāmǎ	V	to raise the bar
幅度	fúdù	N	extent; scope
共和党	Gònghédǎng	N	Republican Party
业主	yèzhǔ	N	business owner(s)
利益	lìyì	N	interest(s); profit(s)
同意	tóngyì	V	to agree
大幅度	dàfúdù	Adv	on a large scale
成本	chéngběn	N	cost(s) of business
行业	hángyè	N	profession; occupation; field
员工	yuángōng	N	employee(s)
等于是	děngyúshì	V	to be equivalent to
自杀	zìshā	V	suicide
行为	xíngwéi	N	behavior

PARAGRAPH 6

度量	dùliáng	N	metric; measure
双刃剑	shuāngrènjiàn	N	double-edged sword
收入	shōurù	N	income
生活水平	shēnghuóshuǐpíng	NP	standard of living
羊毛出在羊身上	yángmáo chūzài yáng shēnshàng	S	<idiom> "the money has to come from somewhere" (i.e., the consumers; literally "the wool ultimately comes from the sheep you fleece")
华埠	huábù	N	Chinatown
中国城	Zhōngguó Chéng	N	Chinatown
难处	nánchù	N	difficulty
得利点心	Délì Diǎnxīn	N	Dick Lee Pantry
糕品店	gāopǐndiàn	N	bakery
市府	shìfǔ	N	city government
狠狠地	hěnhěnde	Adv	to act without mercy
罚	fá	V	to fine; to impose a financial penalty
典型	diǎnxíng	A	typical
案例	ànlì	N	case; example

影响	yǐngxiǎng	V	to influence; to affect
伤害	shānghài	V	to hurt; to harm
至今	zhìjīn	Adv	still; up to this point
消除	xiāochú	V	to remove; to eradicate

PARAGRAPH 7

雪上加霜	xuěshàngjiāshuāng	V	<idiom> "to make matters worse" (literally "to add frost to snow")
中央地铁	Zhōngyāng Dìtiě	N	Central Subway
施工	shīgōng	V	to begin construction
构成	gòuchéng	V	to form; to cause
减少	jiǎnshǎo	V	to decrease; to lessen
却	què	Adv	however
大涨	dàzhǎng	V	to increase by a large margin
提价	tíjià	V	to increase prices, i.e., 提高价钱
应对	yìngduì	V	to respond
流量	liúliàng	N	flow; foot traffic
交通	jiāotōng	N	transportation; traffic
阻塞	zǔsè	V	congested; jammed
价格	jiàgé	N	price(s)
相对	xiāngduì	Adv	relatively; relative to
优势	yōushì	N	advantage
不再	búzài	V	to be no longer
担忧	dānyōu	V	to worry

句型练习 Sentence Patterns

Study the following expressions in context, then use the given samples as a template to compose your own sentences.

1. 让…吓一跳 (VP) *ràng…xiàyítiào*; "to startle or surprise someone"
   a. 旧金山市的最低时薪要涨到 15 美元，可能会让许多人吓一跳！

51

b. 俄罗斯总统普丁展现「暖男」形象，为中国第一夫人彭丽媛披毛毯，这样突然的举动，可能让彭丽媛吓了一跳。

c. 她这几个月勤练歌喉，希望在同学会上让多年不见的同学们都吓一跳。

2. 由…决定 (VP) yóu…juédìng; "for something to be decided by…"; "for the matter to be determined by…"

a. 旧金山市长李孟贤公开支持提高市内最低时薪，他希望能将相关提案纳入 2014 年选票，由旧金山选民公投决定。

b. 胎儿的性别不是由母亲卵子的染色体决定的，而是由父亲精子中的染色体所决定的。

c. 本大学的课程安排都是由各系所自行决定。

3. 意味着 (V) yìwèizhe; "to imply"; "to suggest"

a. 中国城的小店和餐馆，要从薄利中拿出那么多钱，可能就意味着生意会做得更加艰辛。

b. 大幅度的增加时薪意味着生意成本的增加。

c. 会说中文并不意味着就懂中国文学。

4. 等于是 (VP) děngyúshì; "to be equivalent to"

a. 对于一些薄利的行业，员工工资上涨 30～50%，等于是自杀行为。

b. 没有准备就去参加考试，等于是放弃了自己的成绩。

c. 让杀人犯假释出狱等于是让他们继续危害社会。

5. 不但…反而 búdàn…fǎn'ér; "not only did not…but instead…"

a. Joe 的负债不但没有减少，反而从十五万变成二十几万。

b. 退休以后，生活不但没有变得更轻松，反而变得更无聊了。

c. 把人撞飞的肇事司机当时不但没有停车，反而加速疾驰而去。

重点理解 Reading Comprehension

依据课文内容回答下列问题：

1. 作者是赞成还是反对旧金山市的最低时薪调涨到 15 美元？

2. 旧金山市的最低时薪如果调涨到 15 美元，相对于当时的薪资水平（以文章发表日期为准）算是多大幅度的薪水调涨？

3. 旧金山市的工资和美国其他主要城市相比，算是比较高还是比较低？

深度思考 Points to Ponder

广泛搜集资料佐证自身观点：

1. 你赞成政府订立最低工资吗？如果赞成，你认为在你所居住的地区，合理的最低时薪应该是多少？

2. 有人说，最低工资的订立，保障了那些已经有工作的人，可是将会使没工作的人更难找到工作。你同意这样的说法吗？

3. 你是否相信，最低工资的订立，会导致物价提高？有什么证据可以支持这个观点？

Notes

▸ 订立 【dìnglì】 to set; to legislate (a law or regulation)
▸ 合理 【hélǐ】 rational; reasonable
▸ 保障 【bǎozhàng】 to safeguard
▸ 导致 【dǎozhì】 to lead to; to bring about (a negative result)
▸ 证据 【zhèngjù】 evidence; proof

影音体验 Audio-Visual Experience

Watch the video segment below and see what additional details and viewpoints you can glean. Is the incident being viewed from a different perspective? Is it being described using a different set of vocabulary?

LINK: <https://www.youtube.com/watch?v=2NspoS4cETg>

2.3 Credit Card Debt

阅读前导 Pre-reading

What vocabulary items would you need to successfully engage in a discussion of credt card debt? How are these lexical items associated with each other? Are the associations the same in Chinese as they are in English? Brainstorm!

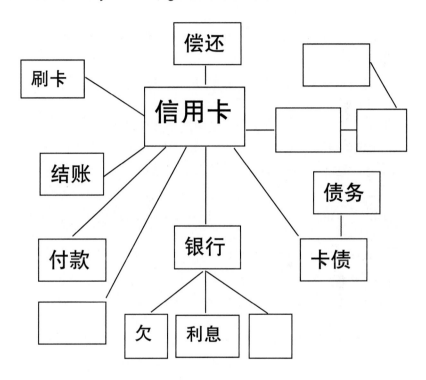

主题探索 Topic Exploration

Use the vocabulary you have compiled to answer, to the best of your ability, the following questions.

1. 你买东西时喜欢付现还是刷卡？为什么？
2. 你目前拥有几张信用卡？每月的欠款你会全数付清，还是只付「最低还款额」？

联合报 2005.01.06

卡债逼人

夜大生月薪 2.3 万 不到半年欠 15 万

【本报经济组／专题报导】「失业青年当街抢劫，只为三万元卡债」、「某女大学生欠债十多万，上吊自杀！」、「七十多岁老父亲因儿子二十多万元的卡债，被讨债公司逼得走投无路！」、「员警还不起卡债，向辖区内商家勒索。」

信用卡杀人！没错，过度的办卡、过度的消费、无节制的负债让信用卡背上罪名，但到底是信用卡的错？银行抢业绩不择手段？还是现代人欠缺消费和债务管理观念？

Joe 是夜大学生，白天在补习班打工，每个月薪水两万三千元，生活原本不虞匮乏。后来 Joe 恋爱了，Joe 的情人建议他办张信用卡，信用卡申请下来当天，他刷卡买了两支手机，与情人一人一支，Joe 很开心，因为刷卡后隔两个月才付钱，「实在太神奇了」。

从此，Joe 日常消费都用信用卡：看电影，刷卡；上馆子，刷卡；机车加油，也刷卡。Joe 还在电视购物频道以十二期无息分期买了笔记型电脑，每个月只要四千元就拥有近五万元的高档电脑！Joe 拚命刷卡，虽然早就透支了还是难忍诱惑，不到半年，欠下十五万元的卡债还不出来。

Joe 债台高筑，情人看苗头不对，扬长而去。跟着，Joe 又丢了工作。经济陷入困境后，Joe 刷卡更凶，只要朋友结账要付现，他就抢着代刷卡，为的是要收现金当生活费，但是「刷卡收现金」的结果是，Joe 的负债不但没有减少，反而从十五万变成二十几万。

走投无路下，Joe「上网找人援助」出卖肉体，每次收费一千到三千元不等。但扣掉生活费，Joe 牺牲皮肉赚来的钱，只够付信用卡最低应缴金额。Joe 说：「我觉得银行一块块在割我的肉！」

有次，Joe 办完事后，客人把他的手机、皮夹偷走，不敢报案的他很担心：没有信用卡，以后怎么过活？

林小姐 卡龄十年 卡债 50 万

三十二岁的林小姐「卡龄」十年，累积卡债高达五十万元，每月光是最低应缴金额就要两万五千多元，占去她薪水的一半以上。

林小姐是上班族，领的是死薪水，发卡银行却很「体贴」，逐年提高她的信用额度。十年前，林小姐申请第一张信用卡时月薪不到两万元，银行给她五万元的额度；隔了两年，信用额度增加到十万元；再隔两年，信用额度已提高至二十万元。

过去几年，靠着信用卡，林小姐成了「塑胶版」富婆，一个月刷四、五万元是常有的事。「反正不必付现金嘛，不心疼的。」林小姐心想，「何况还有循环信用！」

「而且欠都欠了，就再签名吧。」林小姐说得轻松，「不过就三个字。」于是，林小姐的卡债像吹气球一样迅速膨胀。

林小姐拼命刷卡，每个月薪水都进了银行的口袋，工作了十多年，林小姐只「赚到」满屋子信用卡核卡礼，以及一屁股的卡债。

大学生 八张卡 欠下十几万

自己欠债不打紧，无缘无故替人背债才衰！大学生慧如和男友分手了，但为男友背了十几万卡债，本金加上利息愈滚愈多，成为慧如最大噩梦。

三年多前，慧如的男友劝她办了一张学生卡，但慧如很少刷卡，男友却刷上瘾了，德国拉风房车加油要刷卡、车坏了修理也刷卡。杂七杂八开销，三年下来，慧如为满足男友消费欲总共办了八张卡，欠下十几万卡费，所有帐单都是慧如签的名。

分手后，男友不断保证：「你的卡费，我会还，不过要给我一点时间。」但八家银行的催缴电话却让慧如接不完，慧如要求男友清偿，男友先是敷衍，后来就失踪了，两人浓情蜜意时欠下的卡债，如今全由慧如承受。

王小明 前债才清 又成「优良卡友」

王小明欠了十几万元卡债，讨债公司天天打电话恶言恶语骚扰要钱，搞得王家鸡犬不宁。王小明也因避债不敢回家，最后，王妈妈受不了了，拿出私房钱替儿子还清卡债。

王妈妈原以为从此天下太平，没想到，还清卡债第二天，电话又来了，不过，这回打来的不是讨债公司，而是前阵子像「讨债鬼」的银行，王妈妈没好气地问：「什么事？」只听得电话那端银行业务员轻声细语：「由于王小明先生是本行优良卡友，我们新开办低利贷款，请问王先生需不需要……」话还没说完，王妈妈忍不住对着电话大吼：「你们这是什么银行，我要去告你们……」

新竹卢老太太，是靠政府津贴过活的低收入户，但她失业又残障的儿子，却有信用卡可刷，虽然只有几千元卡债，但儿子没工作，根本付不起，只能先躲起来。

银行找不到儿子，就找上卢老太太「子债母偿」，银行催缴人员威胁卢老太太「不还钱，生活津贴就没了。」卢老太太很害怕，好不容易跟亲友借了三千元还债，没想到，银行立即发新卡给儿子，隔一个月，帐单来了，又是一笔几千元的卡债。

卢老太太慌了手脚，发愁了好几天，卢老太太跑去找里长，老泪纵横地拜托里长伯：「叫警察把我儿子关起来啦！不要再让他乱花钱了。」从来没用过信用卡的卢老太太，绝不会想到母子关系为了卡债闹到如此地步。（记者许韶芹、吴雯雯、林韦任、陆倩瑶、邹秀明/采访，陆倩瑶/执笔）

关键词汇 Vocabulary

HEADLINE

卡债	kǎzhài	N	credit card debt
逼人	bīrén	V	to drive people to extremes
夜大生	yèdàshēng	N	night school student; student taking college courses at night
月薪	yuèxīn	N	monthly income

PARAGRAPH 1

失业	shīyè	V	to lose a job; to become unemployed
青年	qīngnián	N	young person(s)
当街	dāngjiē	Adv	in the street; in broad daylight
抢劫	qiǎngjié	V	to rob
某	mǒu	Det	a certain; a particular
欠债	qiànzhài	V	to owe money; to be in debt
上吊	shàngdiào	V	to hang oneself
自杀	zìshā	V	to commit suicide
讨债公司	tǎozhài gōngsī	N	debt collection agency
逼	bī	V	to force someone against their will
走投无路	zǒutóuwúlù	V	to have nowhere to go; to have no way out
员警	yuánjǐng	N	police officer
还不起	huánbùqǐ	V	cannot afford to repay (a debt)
辖区	xiáqū	N	jurisdiction
勒索	lèsuǒ	V	to blackmail

PARAGRAPH 2

信用卡	xìnyòngkǎ	N	credit card
过度的	guòdùde	Adv	excessively
办卡	bànkǎ	V	to apply for a new credit

			card
消费	xiāofèi	N	to consume; to shop
无节制	wújiézhì	Adv	without moderation; out of control
负债	fùzhài	V	to be laden with debt
背	bēi	V	to carry on one's back
罪名	zuìmíng	N	guilt; sin
到底	dàodǐ	PP	to the end; all the way
银行	yínháng	N	bank
抢业绩	(CN) qiǎng yèjì; (TW) qiǎng yèjī	V	try to meet sales target; try to meet sales quota
不择手段	bùzéshǒuduàn	V	by fair means or foul; to use any means for the sake of profit
欠缺	qiànquē	V	to lack
债务	zhàiwù	N	debt(s)
管理	guǎnlǐ	V	to manage
观念	guānniàn	N	concept

Paragraph 3

白天	báitiān	Adv	in the daytime
补习班	bǔxíbān	N	cram school; learning center
打工	dǎgōng	V	to work part-time; to work as a temp
薪水	xīnshuǐ	N	salary
原本	yuánběn	Adv	originally; in the beginning
不虞匮乏	bùyúkuìfá	V	to lack nothing; to have everything one needs
恋爱	liàn'ài	V	to be in love; to be in a relationship
情人	qíngrén	N	lover; romantic partner
建议	jiànyì	V	suggest; recommend
申请	shēnqǐng	V	to apply for
刷卡	shuākǎ	V	to pay with credit card
支	zhī	MW	measure word for cellphone
手机	shǒujī	N	cellphone; mobile phone
隔	gé	V	to wait; to pass time

付钱	fùqián	V	to pay
实在	shízài	Adv	really; truly
神奇	shénqí	A	amazing; unbelievable

PARAGRAPH 4

从此	cóngcǐ	Adv	from then on
日常	rìcháng	A	daily; day to day
消费	xiāofèi	N	expenditure(s)
上馆子	shàng guǎnzi	V	to dine out; to go to a restaurant
机车	jīchē	N	motorcycle
加油	jiāyóu	V	to buy gas
购物频道	Gòuwù Píndào	N	The Shopping Channel
无息	(CN) wúxī; (TW) wúxí	V	zero interest
分期	(CN) fēnqī; (TW) fēnqí	V	(to pay) in installments
笔记型电脑	bǐjìxíng diànnǎo	N	laptop computer; notebook
拥有	(CN) yōngyǒu; (TW) yǒngyǒu	V	to own; to have
高档	(CN) gāodàng; (TW) gāodǎng	A	high end; premium
拚命	pīnmìng	V	to work hard at; to give it one's all
早就	zǎojiù	Adv	long since; already
透支	tòuzhī	V	to have exhausted all resources; to be out of money
难忍	nánrěn	V	to be unable to resist
诱惑	yòuhuò	N	temptation

PARAGRAPH 5

债台高筑	(CN) zhàitái gāozhù; (TW) zhàitái gāozhú	V	to be laden with debt
苗头不对	miáotoubúduì	S	things don't look right; something is wrong
扬长而去	yángcháng'érqù	V	to leave without a trace

丢工作	diū gōngzuò	V	to lose one's job
经济	jīngjì	N	economy; finances
陷入困境	xiànrù kùnjìng	V	to run into difficulties
更凶	gèng xiōng	Adv	even more extreme; even more often
结账	jiézhàng	V	to pay a bill
付现	fùxiàn	V	to pay cash
抢着	qiǎngzhe	V	to fight for; to fight to do something
生活费	shēnghuófèi	N	living costs

PARAGRAPH 6

援助	yuánzhù	V	to work as a sexual escort
出卖肉体	chūmài ròutǐ	V	to prostitute oneself; to offer sex for money
收费	shōufèi	V	to charge (a fee)
扣掉	kòudiào	V	to deduct
牺牲	xīshēng	V	to sacrifice
皮肉	píròu	N	flesh; body
最低应缴金额	zuìdī yīngjiǎo jīn'é	N	minimum amount due
割	gē	V	to cut; to slice

PARAGRAPH 7

皮夹	(TW) píjiá; (CN) píjiā	N	wallet
报案	bào'àn	V	to report a crime
过活	guòhuó	V	to make a living

PARAGRAPH 8

卡龄	kǎlíng	N	length of membership
累积	lěijī	V	to accumulate
占	zhàn	V	to occupy; to take up
薪水	xīnshuǐ	N	salary; income

PARAGRAPH 9

上班族	shàngbānzú	N	office worker
领	lǐng	V	to receive
死薪水	sǐ xīnshuǐ	N	fixed salary
发卡银行	fākǎ yínháng	NP	issuing bank
体贴	tǐtiē	A	thoughtful; considerate
逐年	zhú'nián	Adv	year after year
信用额度	xìnyòng édù	N	credit limit

PARAGRAPH 10

塑胶版	sùjiāobǎn	A	"plastic version"
富婆	fùpó	N	rich lady
反正	fǎnzhèng	Adv	anyway
付	fù	V	to pay
现金	xiànjīn	N	cash
嘛	ma	Part	particle indicating persuasion
心疼	xīnténg	V	to feel sorry for; to feel bad about
心想	xīnxiǎng	V	to think; to have an idea
何况	hékuàng	Conj	not to mention; let alone
循环信用	xúnhuán xìnyòng	N	annual percentage rate (APR)

PARAGRAPH 11

欠	qiàn	V	to owe
签名	qiānmíng	V	to sign one's name
说得轻松	shuōde qīngsōng	VP	easier said than done
不过就	búguò jiù	V	to be nothing more than
于是	yúshì	Conj	therefore
气球	qìqiú	N	balloon
迅速	xùnsù	Adv	quickly; rapidly
膨胀	péngzhàng	V	expand; bulge

PARAGRAPH 12

口袋	kǒudài	N	pocket
核卡礼	hékǎlǐ	N	gift for new card members
一屁股	yípìgǔ	N	a whole load of (literally "a whole ass-full of")

PARAGRAPH 13

不打紧	bùdǎjǐn	A	unimportant; not urgent
无缘无故	wúyuánwúgù	Adv	for no reason
替人背债	tìrén bēizhài	V	to take up somebody's debt
衰	shuāi	A	unfortunate; unlucky
分手	fènshǒu	V	to break up; to end a relationship
本金	běnjīn	N	principal (initial deposit)
利息	(CN) lìxī; (TW) lìxí	N	interest (earned)
愈滚愈多	yùgǔnyùduō	VP	to accumulate more and more of
噩梦	èmèng	N	nightmare

PARAGRAPH 14

劝	quàn	V	to persuade
学生卡	xuéshēngkǎ	N	student card
上瘾	shàngyǐn	V	to become addicted
拉风	lāfēng	A	fashionable; trendy
房车	fángchē	N	sedan (automobile)
修理	xiūlǐ	V	to fix; to repair
杂七杂八	záqīzábā	A	miscellaneous
开销	kāixiāo	N	expenditure(s)
消费欲	xiāofèi yù	V	desire to spend
总共	zǒnggòng	Adv	altogether
帐单	zhàngdān	N	bill; statement

PARAGRAPH 15

不断	búduàn	Adv	continuously; nonstop
保证	bǎozhèng	V	to guarantee
催缴	cuījiǎo	V	to demand payment
清偿	qīngcháng	V	to pay back; to settle a debt
敷衍	fūyǎn	V	to put off; to neglect
失踪	shīzōng	V	to disappear; to vanish
浓情蜜意	nóngqíngmìyì	V	to be deeply in love
承受	chéngshòu	V	to bear the responsible for

PARAGRAPH 16

优良卡友	yōuliáng kǎyǒu	N	preferred member
讨债公司	tǎozhài gōngsī	N	collection agency
恶言恶语	èyán'èyǔ	V	to threaten
骚扰	sāorǎo	V	to harass
鸡犬不宁	jīquǎnbùníng	V	to have no peace of mind; to be in a state of unrest (literally "chickens and dogs are agitated")
避债	bìzhài	V	to escape the debt collectors
受不了	shòubùliǎo	V	to not be able to stand it anymore
私房钱	sīfángqián	N	secret stash of cash

PARAGRAPH 17

原以为	yuán yǐwéi	V	to originally believe; to mistakenly believe
从此	cóngcǐ	Adv	from then on; from here on
天下太平	tiānxiàtàipíng	S	peace on earth; all is well
没想到	méixiǎngdào	V	to not have expected
前阵子	qiánzhènzi	T	a while ago
讨债鬼	tǎozhàiguǐ	N	(pejorative) debt collectors

没好气地	méi hǎoqì de	Adv	in an unfriendly tone
业务员	yèwùyuán	N	salesperson; sales associate
轻声细语	qīngshēngxìyǔ	Adv	in a soft voice
贷款	dàikuǎn	N	loan
忍不住	rěnbúzhù	V	cannot
吼	hǒu	V	to yell; to shout
告	gào	V	to sue

PARAGRAPH 18

新竹	Xīnzhú	N	(City of) Hsinchu
政府	zhèngfǔ	N	Government
津贴	jīntiē	N	subsidy
低收入户	dīshōurùhù	NP	low income household(s)
残障	cánzhàng	A	disabled; handicapped
根本	gēnběn	Adv	absolutely; utterly
付不起	fùbùqǐ	V	cannot afford
躲	duǒ	V	to hide; to escape

PARAGRAPH 19

子债母偿	zǐzhài mǔcháng	S	for a mother to pay off a son's debt
催缴人员	cuījiǎo rényuán	NP	debt collector(s)
威胁	wēixié	V	to threaten
好不容易	hǎobùróngyì	Adv	after much effort; after much difficulty
立即	lìjí	Adv	immediately; instantly

PARAGRAPH 20

慌了手脚	huāngle shǒujiǎo	V	to panic and be at a loss as to what to do
发愁	fāchóu	V	to get anxious; to worry
里长	lǐzhǎng	N	borough chief
老泪纵横	lǎolèizònghéng	V	to weep bitterly
拜托	bàituō	V	to request a favor
关起来	guānqǐlái	V	to be locked up (in jail)
啦	la	Part	particle indicating persuasive voice

闹到如此地步	nàodào rúcǐ dìbù	V	for matters to get out of hand
采访	cǎifǎng	V	to interview
执笔	zhíbǐ	V	to write; to author

Image courtesy of **Sean MacEntee** on Flickr.
(https://www.flickr.com/photos/smemon/12696360474)

句型练习 Sentence Patterns

Study the following expressions in context, then use the given samples as a template to compose your own sentences.

1. 收费 A 到 B 不等 (VP) *shōufèi A dào B bùděng*; "to charge anything between A and B"

    a. 走投无路下，Joe「上网找人援助」出卖肉体，每次收费一千到三千元不等。

    b. 拍摄婚纱的费用一般在一千元到三千元不等。

    c. 优胜美地国家公员每辆汽车七天的入员通行费将从 20 元调高到 25 元到 30 元不等，视季节不同而定。

2. 反正 (ADV) *fǎnzhèng*; "anyway"

    a. 过去几年，靠着信用卡，林小姐成了「塑胶版」富婆，一个月刷四、五万元是常有的事，「反正不必付现金嘛，不心疼的。」

    b. 学生通常都喜欢在周五和周六晚上开派对，反正隔天早上不用上课，玩得再晚也无所谓。

    c. 无论多晚，反正我们今天必须完成这份报告。

3. 欠都欠了(VP) *qiàn dōu qiànle* "since I already owe..."
    a. 「而且欠都欠了，就再签名吧。」林小姐说得轻松，「不过就三个字。」于是，林小姐的卡债像吹气球一样迅速膨胀。
    b. 某些借阅图书的人因为忘记在还书期限内归还书本，心里就想欠都欠了，不急于一时归还，结果一拖再拖，图书馆因此损失了不少书籍。
    c. 反正欠都欠了，你就再向银行多借一点吧。

4. 于是 (CONJ) *yúshì*; "therefore"; "thus"
    a. 「而且欠都欠了，就再签名吧。」林小姐说得轻松，「不过就三个字。」于是，林小姐的卡债像吹气球一样迅速膨胀。
    b. 在桑迪胡克小学 (Sandy Hook Elementary School) 发生枪击案后，受害学生的家长把案件归咎于枪支，于是家长们联合起来控告枪支制造商及分销商过失杀人。
    c. 电梯停在 7 楼老半天，迟迟没下来，于是他只好爬楼梯往上走。

5. 由 somebody 承受 (VP) *yóu… chéngshòu*; "to let somebody bear the consequences"
    a. 慧如要求男友清偿，男友先是敷衍，后来就失踪了，两人浓情蜜意时欠下的卡债，如今全由慧如承受。
    b. 监狱囚犯的费用是由纳税人承受，于是有人提议犯轻微罪行的犯人可以用小区服务来代替拘役来减轻纳税人的负担。
    c. 失恋的痛苦完全由她一人承受。

6. 好不容易 (ADV) *hǎobùróngyì*; "finally" (in the sense of after much waiting or effort)
    a. 卢老太太很害怕，好不容易跟亲友借了三千元还债，没想到，银行立即发新卡给儿子，隔一个月，账单来了，又是一笔几千元的卡债。
    b. 期中考好不容易过去了，几个礼拜后又要开始准备期末考了。
    c. 她好不容易气嘘嘘地爬上了五楼，才发现朋友的公寓原来是在对面的大楼。

重点理解 Reading Comprehension

依据课文内容回答下列问题：

1. 夜大学生 Joe 原本每月有多少薪水入袋？后来发现薪资不足以偿还卡债之后，他又兼差做何种行业？

2. 三十二岁的林小姐，每月约赚进多少薪水？其中有多少钱用于偿还卡债？

3. 大学生慧如是为了谁而背负卡债？总共有几张信用卡？欠下多大金额？

深度思考 Points to Ponder

广泛搜集资料佐证自身观点：

1. 老一辈的美国人说 "don't spend money you don't have"；中国人也有「量入为出」的说法，意思是，有多少钱用多少钱，不要使开支超过收入。你同意这样的说法吗？

2. 大学生毕业后卡债如山，难以偿还，你认为责任在于谁？是因为学生理财无方、花钱不知节制，还是因为银行贪图利息，把信用卡推销给无偿还能力的学生？

3. 你赞成「子债母偿」的制度吗？父母有义务帮子女还债吗？

Notes

▸ 量入为出 【liàngrùwéichū】 to live within one's means; to spend according to one's income
▸ 超过 【chāoguò】 to surpass; to exceed
▸ 偿还 【chánghuán】 to repay; to pay back
▸ 在于 【zàiyú】 to lie in; to rest with; to be determined by
▸ 理财 【lǐcái】 personal finance management
▸ 无方 【wúfāng】 to be incompetent; to not know the right way to do something

- ▸ 节制 【jiézhì】 to hold back; to keep in check
- ▸ 贪图 【tāntú】 to be greedy for
- ▸ 制度 【zhìdù】 system; institution
- ▸ 义务 【yìwù】 duty; obligation
- ▸ 还债 【huánzhài】 to pay one's debt; to repay a debt

影音体验 Audio-Visual Experience

Watch the video segment below from a talk show debating whether young people with massive credit card debt should be bailed out. What are the arguments for the government helping to bail them out? What are the arguments against it? How do you feel about it?

LINK: <https://www.youtube.com/watch?v=pjCJLV-1VIE>

CRIME

3 社会新闻

3.1 Rich Spoiled Brat

阅读前导 Pre-reading

What vocabulary items would you need to successfully engage in a discussion of spoiled brats? How are these lexical items associated with each other? Are the associations the same in Chinese as they are in English? Brainstorm!

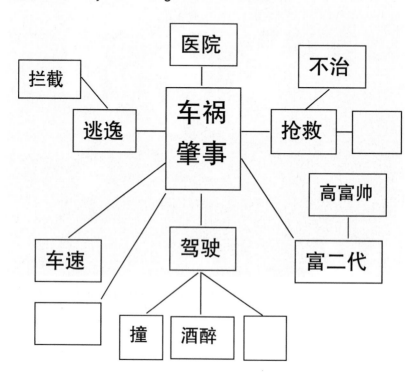

主题探索 Topic Exploration

Use the vocabulary you have compiled to answer, to the best of your ability, the following questions.

1. 你听说过或见证过哪些有钱人家子弟的嚣张行为？
2. 中国人说「有钱能使鬼推磨。」在你的国家，有钱人做错事，所受到的待遇和惩罚和普通人一样吗？

大纪元时报   2010.10.21

「李刚门」目击者全沉默
我爸是李刚成流行语

【大纪元 10 月 21 日讯】「你知道我爸是谁吗？我爸是李刚！」近两天来，这句话已成为网络上最热门的流行语，原来事出有因。几天前，河北一名学生酒后在校园内飚车，将两名女生撞飞，致一死一重伤。在被拦下后，他口出狂言，「看把我（的）车（给）刮的！你知道我爸是谁吗？我爸是李刚！」这位官二代的蛮横与狂傲，无礼与无理震惊了网络。

广州日报报导，20 日，某网杂谈上，网友「河大义工」的一篇帖子引爆了网络，截至 20 日傍晚，点击量已达 47 万。这篇帖子描述了一起校园车祸。

「看把我的车给刮的」

10 月 16 日晚 9：40，河北大学新区易百超市门口，两名正在玩轮滑的女生在学校宿舍区超市门口被一辆汽车撞到，被撞者均为河北工商学院大一新生。

帖子称：「当时车速很快，大约 80~100 公里。被撞女生腾空特别高，而且这辆车撞人后并没有减速，后轮从一名女生的身上辗过。」

「在撞到人后，他竟然继续行进，想从大门口逃跑，后被学生及保安拦下。下车后，肇事者未表现出丝毫的歉意，他竟然说：「看把我（的）车（给）刮的！你知道我爸是谁吗？我爸是李刚！」」

警方确认：肇事者李启铭，又名李一帆，男，22 岁，系保定市某单位实习生。对李启铭采血检测，鉴定其为醉酒驾驶，肇事者已被刑拘。

目击者「集体沉默」

由于犯了众怒，肇事者及其宣称的父亲「李刚」迅速遭到了「人肉搜索」。网友的搜索结果显示，肇事者李启铭是河北传媒学院 2008 届播音主持专业的学生；而李启铭所说的父亲「李刚」则是保定市公安局北市区分局主管刑侦

73

的副局长。

尽管事情的来龙去脉已经清晰，但事件的后续处理遇到了难题。网友「午夜蟋蟀」称：「（事件发生后的）第二天，我们迎来的不是同学的愤怒、有关部门的解释，而是做好事（作证）的孩子不敢承认，目击者也不敢公布事实。」

有河北大学的学生私底下告诉著名记者王克勤：「现在学校不让我们说这件事情，所以目击者很难找。因为他们一旦向记者透露什么事情，学校知道后肯定会对说的学生做出处分的，谁都会害怕，所以学校里的目击者都只能什么也不说。」

有目击现场的学生正在经受内心的折磨：「我妈已严令禁止我再管这事，但我没办法让自己的良心受煎熬！晓凤惨白的脸一直在我眼前晃动，我若不管，我怕我会夜夜被噩梦缠绕！晓凤、晶晶都是我所在社团的部员，她们甜甜地叫过我学姐，我没法坐视不理！但我真的没办法要求那些目击的同学太多。」

对于目击者的「集体沉默」，网友们极力呼吁：「请河北大学的目击者站出来！」

「官二代」成焦点话题

「你知道我爸是谁吗？我爸是李刚！」近两天来，这句话已成为网络上最热门的流行语，网上甚至还出现了以「我爸是李刚」为「模板」的造句大赛。因为「李刚门」事件，不少同叫李刚的网友无辜受到「牵连」，深感烦恼。

这起事件引起了网友对官二代作风的关注，「我爸是李刚」甚至被称为「史上官二代最强音」。「官二代」，已成为网络焦点话题。

关键词汇 Vocabulary

HEADLINE

官二代	guān'èrdài	N	offspring of government officials; 二代 second generation
校园	xiàoyuán	N	campus
酒驾	jiǔjià	V/N	to drive under the influence of alcohol; drunk driving
撞人	zhuàngrén	VP	(for a driver of a vehicle) to hit a pedestrian
致死	zhìsǐ	V	to cause the death of

PARAGRAPH 1

河北省	Héběishěng	N	Hebei Province
保定市	Bǎodìngshì	N	City of Baoding
急救中心	jíjiù zhōngxīn	N	emergency room
晚间	wǎnjiān	N	evening
证实	zhèngshí	V	to verify
位于	wèiyú	V	to be located at
此间	cǐjiān	N	here; this locality
校区	xiàoqū	N	campus
肇事	zhàoshì	V	to instigate a traffic incident; to cause a traffic accident
轿车	jiàochē	N	sedan
撞伤	zhuàngshāng	V	(for a driver of a vehicle) to hit and hurt (a pedestrian)
陈姓女生	Chénxìng nǚshēng	NP	woman surnamed Chen
傍晚	(CN) bàngwǎn; (TW) bāngwǎn	N	dusk; early evening
经	jīng	P	by way of; through
抢救无效	qiǎngjiù wúxiào	VP	rescue efforts prove to be ineffectual (i.e., patient does not survive)
重伤者	zhòngshāngzhě	N	severely injured patient

脱离危险	(CN) tuōlí wēixiǎn; (TW) tuōlí wéixiǎn	VP	to be out of danger; to no longer be in critical condition
转院	zhuǎnyuàn	V	to transfer to another hospital
治疗	zhìliáo	V/N	medical treatment

PARAGRAPH 2

不顾而去	búgù'érqù	V	to drive off without taking a second look
目击者	(CN) mùjīzhě; (TW) mùjízhě	N	witness
介绍	jièshào	V	to recount; to narrate
time + 许	… xǔ	Adv	approximately; thereabouts
易百超市	Yìbǎi Chāoshì	N	Yibai Supermarket
甬路	yǒnglù	N	pedestrian walkway
(CN) 轮滑; (TW) 滑轮	(CN) lúnhuá; (TW) huálún	N	rollerskates
牌照	páizhào	N	license plate
冀	jì	N	abbreviation for Hebei Province
疾驰而过	jíchí'érguò	V	to drive past at high speed
车速	chēsù	N	vehicle speed
迈	mài	N	mile(s)

PARAGRAPH 3

立即	lìjí	Adv	immediately; instantly
被撞飞	bèizhuàngfēi	V	to fly into the air as a result of collision
随后	suíhòu	Adv	soon after
落	luò	V	to land; to fall
挡风玻璃	dǎngfēng bōlí	N	windshield
翻腾	fānténg	V	to flip and spin
玻璃	bōlí	N	glass
后视镜	hòushìjìng	N	rearview mirror
撞击	zhuàngjī	V	to hit with impact
司机	sījī	N	driver; motorist

馨雅楼	Xīnyǎlóu	N	Xinya Hall (name of residence hall)
宿舍楼	sùshèlóu	N	dormitory; residence hall
接	jiē	V	to pick up

PARAGRAPH 4

返回	fǎnhuí	V	to return
车祸	chēhuò	N	car accident
不顾	búgù	V	to disregard
伤重昏迷	shāngzhòng hūnmí	V	to be comatose from severe injury
伤势较轻	shāngshì jiào qīng	V	to suffer relatively minor injuries
呻吟	shēnyín	V	to moan; to wail in pain
保安	bǎo'ān	N	security guard
众多	zhòngduō	A	numerous
拦截	lánjié	V	to intercept; to stop
拒绝	jùjué	V	to refuse
口出狂言	kǒuchūkuángyán	V	to make an arrogant statement; to shout out in defiance
本事	běnshì	N	ability; capability

PARAGRAPH 5

重症监护室	zhòngzhèng jiānhùshì		critical care unit
焦急	jiāojí	A	anxious
等待	děngdài	V	to wait
抢救	qiǎngjiù	V	to rescue
河北大学	Héběi Dàxué	N	Hebei University
工商管理学院	gōngshāng guǎnlǐ xuéyuàn	N	College of Business and Management
大一新生	dàyī xīnshēng	N	freshman; first year college student
该	gāi	Det	the aforementioned
骨裂	gǔliè	N	bone fracture
详细情况	xiángxì qíngkuàng	N	details; detailed description
自称	zìchēng	V	to self-proclaim

男子	nánzǐ	N	male; man
阻拦	zǔlán	V	to stop; to obstruct

PARAGRAPH 6

(CN) 醉酒; (TW) 酒醉	(CN) zuìjiǔ; (TW) jiǔzuì	V	to be drunk; to be under the influence of alcohol
驾驶	jiàshǐ	V	to drive; to operate a vehicle
网民	wǎngmín	N	internet users; netizens
广泛关注	guǎngfàn guānzhù	N	broad readership; great interest
纷纷	fēnfēn	Adv	in droves
论坛	lùntán	N	forum
贴吧	tiēbā	N	chatroom; forum
声讨	shēngtǎo	V	to condemn; to denigrate
肇事者	zhàoshìzhě	N	culprit in a car accident
人肉搜索	rénròu sōusuǒ	V	to locate using crowdsourcing
甚至	shènzhì	Adv	to the extreme of; to the point that
传媒学院	chuánméi xuéyuàn	N	College of Communications
播音	bōyīn	V/N	radio broadcast
主持	zhǔchí	N	to host
专业	zhuānyè	N	(university) major
某	mǒu	Det	a certain; a particular...
公安	gōng'ān	N	police
分局	fēnjú	N	police precinct
副局长	fùjúzhǎng	N	deputy chief

PARAGRAPH 7

发布消息	(CN) fābù xiāoxi; (TW) fābù xiāoxí	VP	to release the information
逃逸	táoyì	V	to be at large
案件	ànjiàn	N	case
依法	yīfǎ	Adv	according to law
刑事	xíngshì	A	criminal (in the sense of

			the law)
拘留	jūliú	V	to detain

采取	cǎiqǔ	V	to adopt
回避	huíbì	V	to avoid
态度	tàidù	N	attitude
有关部门	yǒuguān bùmén	N	department(s) in charge
加强	jiāqiáng	V	to strengthen
校内	xiàonèi	A	on-campus
管理	guǎnlǐ	N	management
到处	dàochù	Adv	everywhere
删帖	shāntiě	VP	to delete forum postings
平息	(CN) píngxī; (TW) píngxí	V	to quieten; to make die down
言论	yánlùn	N	discussion; comments

句型练习 Sentence Patterns

Study the following expressions in context, then use the given samples as a template to compose your own sentences.

1. 从⋯辗过 (VP) *cóng…niǎn'guò*; "to run over…" (with a vehicle)
   a. 当时车速很快，被撞女生腾空特别高，而且这辆车撞人后并没有减速，后轮从另外一名女生的身上辗过。
   b. 他被一辆公共汽车从身上辗过。
   c. 一辆货车从他的胳膊和手上辗过。

2. 竟然 (ADV) *jìngrán*; "to one's surprise"; "actually"; "to go so far as to"
   a. 肇事者未表现出丝毫的歉意，他竟然说：「看把我的车给刮的！你知道我爸是谁吗？我爸是李刚！」
   b. 这个看似老实的人竟然是个大骗子。
   c. 那么简单的问题，她竟然不会。

3. 向···透露 (VP) *xiàng...tòulòu*; "to reveal information to"; "to give information to"
   a. 因为他们一旦向记者透露什么事情，学校知道后肯定会对说的学生做出处分的，谁都会害怕，所以学校里的目击者都只能什么也不说。
   b. 欧巴马总统是在记者会上向记者透露这项消息的。
   c. 他把这位偶像明星结婚的讯息向媒体透露了。

4. 引起···的关注 (VP) *yǐnqǐ ... de guānzhù*; "to get the attention of ..."
   a. 这起事件引起了网友对官二代作风的关注，「我爸是李刚」甚至被称为「史上官二代最强音」。「官二代」，已成为网络焦点话题。
   b. 这位电影明星的婚事引起了公众的关注。
   c. 旧金山是否提高最低时薪的议题引起了大家的关注。

5. 甚至 (ADV) *shènzhì*; "to go so far as to"
   a. 「你知道我爸是谁吗？我爸是李刚！」近两天来，这句话已成为网络上最热门的流行语，网上甚至还出现了以「我爸是李刚」为「模板」的造句大赛。
   b. 这起事件引起了网友对官二代作风的关注，「我爸是李刚」甚至被称为「史上官二代最强音」。
   c. 除美国西岸华人聚集的洛杉矶外，东岸纽约也遭中国孕妇攻占，华人聚集区的医院甚至有半数产妇来自中国。

重点理解 Reading Comprehension

依据课文内容回答下列问题：

1. 在河北大学新校区被车撞的两位女学生伤势如何？

2. 本次酒驾肇事者，是否为河北大学学生？有何特殊背景？

3. 河北大学学生是以何种方法找出肇事者的真实身份的？

深度思考 Points to Ponder

广泛搜集资料佐证自身观点：

1. 报导中开车肇事的男主角是中国典型的「官二代」。何谓「官二代」？现代中国还有哪些闯事出了名的官二代？

2. 有人说中国经济急速窜升，造就了一夜暴富的「土豪」，加上政府「一胎化」政策，使得子女娇生惯养，是造成「富二代」行为嚣张的主因。你同意吗？

3. 事件过后不久，「我爸是李刚」成了中国广泛流传的一个流行语。李刚是谁？以什么出名？

Notes

▸ 主角【CN: zhǔjué; TW: zhǔjiǎo】main character; protagonist
▸ 典型【diǎnxíng】typical
▸ 富二代【fù'èrdài】offspring of the rich and powerful
▸ 何谓【héwèi】<formal> what is meant by; what is the meaning of
▸ 急速【jísù】very fast; rapidly
▸ 窜升【cuànshēng】to soar
▸ 造就【zàojiù】to create the circumstances for
▸ 一夜暴富【yíyèbàofù】to become rich overnight
▸ 土豪【tǔháo】nouveau riche; upstart; people who are rich but uncultured
▸ 一胎化【yìtāihuà】one-child policy
▸ 娇生惯养【jiāoshēngguànyǎng】to be pampered since childhood

- ▸ 行为【xíngwéi】 action; behavior; conduct
- ▸ 嚣张【xiāozhāng】 brazen; ostentatious
- ▸ 广泛【guǎngfàn】 extensive; wide-spread
- ▸ 流传【liúchuán】 to spread; to circulate
- ▸ 流行语【liúxíngyǔ】 popular slang

影音体验 Audio-Visual Experience

Watch the video segment below about the trial of the perpetrator of this crime. Was justice meted out? How does the general public view this incident? Was the incident described using a different set of vocabulary?

LINK: <https://www.youtube.com/watch?v=KWyF3JotvWc>

3.2 Stepping into the Elevator Shaft

阅读前导 Pre-reading

What vocabulary items would you need to successfully engage in a discussion of an elevator accident? How are these lexical items associated with each other? Are the associations the same in Chinese as they are in English? Brainstorm!

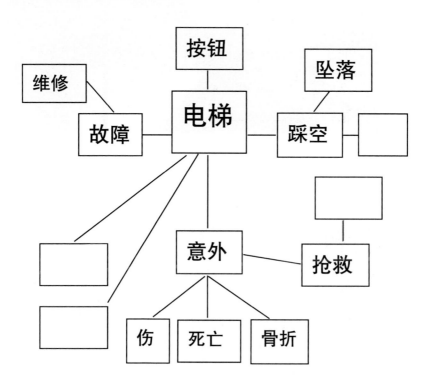

Use the vocabulary you have compiled to answer, to the best of your ability, the following questions.

1. 你平常上楼时，喜欢走楼梯还是坐电梯？为什么？
2. 你坐电梯时，会不会担心电梯故障，被卡在楼层间，或从高处坠下？

Image courtesy of **Joel Penner** on Flickr.
(https://www.flickr.com/photos/featheredtar/2298998927)

杭州日报   2012.09.13

电梯门开了电梯却不在

瑞安一位妈妈抱着 18 个月大的宝宝一脚就跨了进去

【本报驻温州记者 甘凌峰】「电梯门开了，怎么会没有电梯？」昨天，瑞安人潘先生始终想不明白。就在前一天，他的妻子抱着才 18 个月大的儿子，硬生生从电梯井摔了下去。

电梯门只打开了一半

37 岁的余女士家住瑞安市塘下镇上潘村。9 月 11 日傍晚 6 点左右，她抱着 18 个月大的儿子下楼，婆婆跟在后面。

他们家在 6 楼。余女士按了电梯的按钮。

据潘先生事后向家人了解，过了一会电梯门开了，但只开了一半就停在了那儿。由于这电梯经常不灵，余女士没有在意，用手随意地把门往旁边推了下，就往里走。

没想到下面是空的。余女士抱着孩子一脚踩空，直接摔了下去。

婆婆站在后面，躲过一劫。

妈妈最终没有抢救过来

事发时，同楼道一位住户下班回家，正在下面等电梯。但电梯停在 7 楼老半天，迟迟没下来，于是他只好爬楼梯往上走。刚走到一半，突然听到一阵吵。

余女士的婆婆是最先赶到 1 楼的。在 1 楼的电梯井里，余女士趴在地上，双手朝着儿子。儿子仰躺在旁边，大哭。

一位老人向楼下火锅店的女员工借手机报了警。孩子头上都是血，被送到了瑞安人民医院。余女士随后也被抬上救护车，据瑞安市急救中心工作人员透露，当时余女士生命体征已经很微弱。

虽经全力抢救，余女士仍不幸遇难。年幼的儿子颅骨骨折，目前还在治疗。

电梯出过好几次问题了

据了解，余女士一家四口，丈夫潘先生在当地办鞋料厂，他们还有个读初中的大儿子。

他们住的是村民们集资建的联建房，共 9 层。2004 年，村民们一起买了这部东芝电梯。电梯位于大楼中间，由于没有物业，大家请维护单位每隔半个月维护一次。

「这个电梯经常出小毛病。以前我妈就被夹在 4 楼和 5 楼中间一次，邻居用工具才撬开。」潘先生说。

但出现如此离谱的事故，村民们始料未及。当天晚上，瑞安公安、质监等部门赶到现场处置。电梯被停用，贴上了封条。

昨天，温州市政府安委会牵头成立了特种设备事故调查组，负责调查事故原因。

关键词汇 Vocabulary

HEADLINE

电梯	diàntī	N	elevator

PARAGRAPH 1

瑞安	Ruì'ān	N	(Town of) Rui-an
抱	bào	V	to hug; to hold
宝宝	bǎobao	N	baby; infant
跨	kuà	V	to step across the threshold
温州	Wēnzhōu	N	(City of) Wenzhou
始终	shǐzhōng	Adv	from beginning to end; from start to finish; throughout
硬生生	yìngshēngshēng	Adv	abruptly
电梯井	diàntījǐng	N	elevator shaft
摔	shuāi	V	to fall

PARAGRAPH 2

塘下镇	Tángxiàzhèn	N	(Town of) Tangxia
上潘村	Shàngpāncūn	N	(Village of) Shangpan

PARAGRAPH 3

按	àn	V	to press
按钮	ànniǔ	N	button

PARAGRAPH 4

不灵	bùlíng	V	to not work; to malfunction
在意	zàiyì	V	to care; to mind

PARAGRAPH 5

踩空	cǎikōng	V	to step into thin air
直接	zhíjiē	Adv	directly
躲过一劫	duǒguòyìjié	V	to have barely eluded disaster

PARAGRAPH 6

抢救	qiǎngjiù	V	to rescue
事发	shìfā	V	for an incident to occur
楼道	lóudào	N	stairwell
住户	zhùhù	N	resident(s)
下班	xiàbān	V	to get off work
老半天	lǎobàntiān	Adv	for a long while
迟迟	chíchí	Adv	after a long time still
爬楼梯	pá lóutī	V	to take the stairs

PARAGRAPH 7

婆婆	pópo	N	mother-in-law
趴	pā	V	to lie face down
朝着	cháozhe	V	to face a certain direction
仰躺	yǎngtǎng	V	to lie on one's back

PARAGRAPH 8

火锅店	huǒguōdiàn	N	hotpot restaurant
员工	yuán'gōng	N	employee
报警	bàojǐng	V	to call the police
血	xuè/xiě	N	blood
瑞安人民医院	Ruì'ān Rénmín Yīyuàn	N	Rui-an People's Hospital
抬	tái	V	to lift
救护车	jiùhùchē	N	ambulance
急救中心	jíjiù zhōngxīn	N	emergency room
工作人员	gōngzuò rényuán	N	personnel
透露	tòulù	V	to disclose; to divulge
体征	tǐzhēng	N	vital signs
微弱	(CN) wēiruò; (TW) wéiruò	A	weak

PARAGRAPH 9

全力	quánlì	Adv	with all one's might; sparing no effort
不幸	búxìng	Adv	unfortunately
遇难	yù'nàn	V	to fall victim; to die in a disaster
年幼	niányòu	A	young; infant
颅骨	lúgǔ	N	skull
骨折	gǔzhé	V	to suffer a bone fracture
治疗	zhìliáo	V	to undergo medical treatment

PARAGRAPH 10

出问题	chū wèntí	VP	to experience problems
好几次	hǎojǐcì	Adv	many times
据了解	jùliǎojiě	Adv	according to what is known
一家四口	yìjiā sìkǒu	N	a family of four
办	bàn	V	to operate; to run
鞋料厂	xiéliàochǎng	N	shoe materials factory

PARAGRAPH 11

村民	cūnmín	N	villager(s)
集资	jízī	V	to pool funds
建	jiàn	V	to build; to construct
联建房	liánjiànfáng	N	building constructed with pooled funds (tenancy-in-common)
层	céng	N	storey; level; floor
部	bù	N	measure word for machinery
东芝	Dōngzhī	N	Toshiba
位于	wèiyú	V	to be located at
物业	wùyè	N	real estate; real property
维护	wéihù	N/V	maintenance; to service
单位	dānwèi	N	unit; firm
每隔半个月	měigé bàngeyuè	Adv	every half month; every two weeks

PARAGRAPH 12

出毛病	chū máobìng	V	to have problems
夹在	(CN); jiāzài (TW) jiázài	V	to be stuck in
撬开	qiàokāi	V	to pry open

PARAGRAPH 13

如此	rúcǐ	Adv	so very
离谱	lípǔ	A	outrageous
事故	shìgù	N	incident; malfunction
始料未及	shǐliàowèijí	A	never to be expected
质监	(CN) zhìjiān; (TW) zhíjiān	N	quality control
部门	bùmén	N	department
赶到现场	gǎndào xiànchǎng	VP	to rush to the scene
处置	chǔzhì	V	to handle; to deal with
贴上封条	tiēshàng fēngtiáo	VP	to seal off with police tape

PARAGRAPH 14

市政府	shìzhèngfǔ	N	city government; municipal government
安委会	ānwěihuì	N	short for 安全委员会; security committee
牵头	qiāntóu	V	to take the lead; to take the initiative
成立	chénglì	V	to form; to set up
特种设备	tèzhǒng shèbèi	NP	special equipment
事故调查组	shìgù diàocházǔ	N	incident investigation task force

句型练习 Sentence Patterns

Study the following expressions in context, then use the given samples as a template to compose your own sentences.

1. 始终 (ADV) *shǐzhōng*; "always"; "from beginning to end"
    a. 「电梯门开了，怎么会没有电梯？」昨天，瑞安人潘先生始终想不明白。
    b. 他始终想不明白为什么水会结成冰块。
    c. 她始终坚信家长才更了解什么对孩子才是好的。

2. 向 someone 了解 (VP) *xiàng…liǎojiě*; "to get information from someone"; "to learn about something from someone"
    a. 据潘先生事后向家人了解，过了一会电梯门开了，但只开了一半就停在了那儿。
    b. 车祸发生后，警察赶到现场，向旁观者了解这次事故的情况。
    c. 哈佛大学爆发学生考试集体作弊，校方得知消息后紧急向目击者了解状况。

3. 没想到 (V) *méixiǎngdào*; "little did one expect"; "who would have expected"
    a. 电梯的门打开之后，没想到下面是空的。余女士抱着孩子一脚踩空，直接摔了下去。
    b. 卢老太太好不容易跟亲友借了三千元还债，没想到，银行立即发新卡给儿子，隔一个月，账单来了，又是一笔几千元的卡债。
    c. 没想到这位候选人居然可以赢得党内初选，代表共和党参选美国的总统大选。

4. 迟迟没(有)… (ADV) *chíchí méi(yǒu)*; "still has not...after so much time"
    a. 电梯停在 7 楼老半天，迟迟没下来，于是他只好爬楼梯往上走。
    b. 已经等了半小时了，每 15 分钟一趟的巴士却迟迟没有来。
    c. 都已经半夜了，弟弟却迟迟没有回来。

5. 只好 (ADV) *zhǐhǎo*; "can only"; "to have no choice but to"
    a. 事发时，同楼道一位住户下班回家，正在下面等电梯。但电梯停在 7 楼老半天，迟迟没下来，于是他只好爬楼梯往上走。
    b. 美国加州一名亚裔男大学生去年遭缉毒署逮捕后，被遗弃在阴暗牢房 4 天无人闻问，他只好喝尿维生。
    c. 由于天候不佳，原本要在纽约甘乃迪机场降落的几十个班机只好改到邻近新泽西州的纽瓦克机场降落。

6. 据了解 (ADV) *jùliǎojiě*; "reportedly"; "it is said"
    a. 据了解，余女士一家四口，丈夫潘先生在当地办鞋料厂，他们还有个读初中的大儿子。
    b. 知名偶像团体 S.H.E 成员 Selina 昨天在上海拍戏意外受伤。据了解，家属联系包机，希望尽快返台治疗。
    c. 据了解，麦当劳为了要扩展在中国的市场，经常提供消费者免费试吃活动。

重点理解 Reading Comprehension

依据课文内容回答下列问题：

1. 瑞安市潘先生住所的电梯故障，造成妻儿发生何种意外？请简述意外发生过程。

2. 余女士与 18 个月大的儿子，经抢救后是否顺利康复？

3. 电梯是哪家公司生产的？除了本次坠楼事件外，过去还出过哪些问题？

深度思考 Points to Ponder

广泛搜集资料佐证自身观点：

1. 电梯每隔多久应当进行维修？检查贵校的电梯维修记录，看看电梯是否有定期维修。

2. 电梯从高处坠地时，电梯中人应采取什么姿势才能将伤害减到最小？

3. 电梯从高处坠地时，如果在落地的刹那间跳起，是否能避免受伤？

Notes

▸ 应当【yīngdāng】 should; ought to

▸ 维修【wéixiū】 to service; to perform maintenance

▸ 贵校【guìxiào】 <formal> your school

▸ 定期【CN: dìngqī; TW: dìngqí】 at regular intervals; periodically

▸ 坠地【zhuìdì】 to fall to the ground

▸ 姿势【zīshì】 posture; gesture

▸ 刹那间【chà'nàjiān】 in an instant

▸ 避免【bìmiǎn】 to avoid; to avert

影音体验 Audio-Visual Experience

Watch the video segment below and see what additional details and viewpoints you can glean. Is the incident being viewed from a different perspective? Is it being described using a different set of vocabulary?

LINK: <https://www.youtube.com/watch?v=6tlxZ474Usw>

3.3 False Arrest

阅读前导 Pre-reading

What vocabulary items would you need to successfully engage in a discussion of false arrests? How are these lexical items associated with each other? Are the associations the same in Chinese as they are in English? Brainstorm!

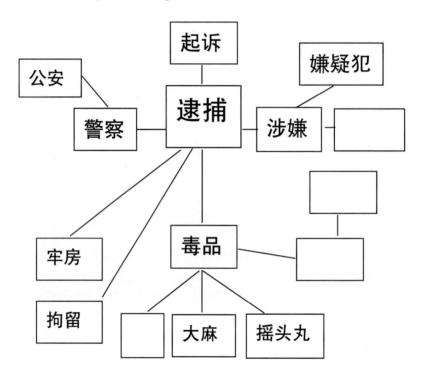

主题探索 Topic Exploration

Use the vocabulary you have compiled to answer, to the best of your ability, the following questions.

1. 你参加过美国大学的兄弟会派对（frat party）或姐妹会派对（sorority party）吗？请分享派对中所见所闻。
2. 派对中有人拿毒品与你分享时，你会如何反应？

苹果日报   2013.08.01

亚裔男枉遭囚 喝尿撑 4 天
绝望刻臂写遗言 获救求偿得 1.2 亿

【林奕成／综合外电报导】美国加州一名亚裔男大学生去年遭缉毒署逮捕后，被遗弃在阴暗牢房 4 天无人闻问，他只好喝尿维生，万念俱灰下在手臂刻血字遗言，后幸被发现送医捡回一命。他形容受害经验「难以置信」，向当局求偿，近日与美司法部和解，获 410 万美元（约 1.2 亿元台币）赔偿。

去年 4 月，现年 25 岁加州大学圣地亚哥分校学生丹尼尔·钟（译音，Daniel Chong）至朋友家聚会，缉毒署上门查获摇头丸与大麻，拘留 9 人讯问，将他关在牢房。

幻想将遭瓦斯毒杀

警员说不会起诉他，要他等一下，「我们马上回来找你」，没想到他一等就是 4 天。他戴着手铐，身处 1.3 坪的无窗牢房，大声喊叫都没人理，在没水与食物的情况下，被迫喝尿维生，他还站在小板凳上，试图打开天花板的火灾洒水器喝水。

由于没卫生设备，他只好脱裤在牢房便溺。第 3 天他开始产生幻觉，以为缉毒署官员要排放瓦斯毒死他。他恐惧面临死亡，因此弄破眼镜，用玻璃碎片试图在手臂刻血字「老妈，对不起」，但最后只刻了一个字母「S」。

就在生命垂危时，终于有人发现他，打开房门将他送医。他身体严重脱水、肾衰竭、痉挛与食道破裂，体重掉了 6.8 公斤，住院治疗 5 天。

用赔款为父母买房

缉毒署事后道歉，但未说明为何发生离谱情事，也没人遭处分。丹尼尔·钟对此感到愤怒，索赔约 6 亿元台币。双方最近和解，缉毒署允赔 1.2 亿元台币，丹尼尔说要为父母买房，剩下的存起来。

关键词汇 Vocabulary

HEADLINE

亚裔	(CN) yàyì; (TW) yǎyì	A	of Asian descent; Asian-American
枉	wǎng	Adv	to be wrongly accused
遭囚	zāo qiú	V	to be imprisoned
撑	chēng	V	to hold on; to stay alive
绝望	juéwàng	V	to be in despair; to lose all hope
刻臂	(CN) kèbì; (TW) kèbèi	V	to carve on one's arm
遗言	yíyán	N	will; final words
获救	huòjiù	V	to be rescued
求偿	qiúcháng	V	to seek damages; to see compensation
亿	yì	N	hundred thousand

PARAGRAPH 1

外电	wàidiàn	N	foreign news wire(s)
缉毒署	(CN) jīdúshǔ; (TW) qìdúshǔ	N	Drug Enforcement Agency (DEA)
逮捕	dàibǔ	V	to arrest; to take into custody
遗弃	yíqì	V	to abandon
阴暗	yīn'àn	A	dark and musty
牢房	láofáng	N	jail cell; prison cell
无人闻问	wúrén wénwèn	V	to be looked after by no one; to be neglected
维生	wéishēng	V	to survive
万念俱灰	wànniànjùhuī	V	to lose all hope
刻	kè	V	to carve
送医	sòngyī	V	to send to hospital
捡回一命	jiǎnhuí yímìng	V	to be saved from death's clutches; to manage to live
形容	xíngróng	V	to describe
难以置信	nányǐzhìxìn	A	unbelievable; hard to believe

求偿	qiúcháng	V	seek compensation
当局	dāngjú	N	authorities
司法部	sīfǎbù	N	Department of Justice
和解	héjiě	V	to settle out of court; to work out a deal
获	huò	V	to receive
赔偿	péicháng	V	to compensate monetarily; to pay damages

PARAGRAPH 2

加州大学圣地亚哥分校	Jiāzhōu Dàxué Shèngdìyàgē Fēnxiào	NP	University of California at San Diego
聚会	jùhuì	N	party; gathering
上门	shàngmén	V	to knock at the door
查获	cháhuò	V	(said of police) to search and find
摇头丸	yáotóuwán	N	(drug) ecstasy
大麻	dàmá	N	marijuana
拘留	jūliú	V	to detain
讯问	xùnwèn	V	to subject to (police) questioning
关	guān	V	to imprison

PARAGRAPH 3

幻想	huànxiǎng	V	to fantasize; to have hallucinations
瓦斯	wǎsī	N	natural gas; poisonous gases
毒杀	dúshā	V	to kill by poisoning
警员	jǐngyuán	N	police officer
起诉	qǐsù	V	to charge; to prosecute
戴	dài	V	to wear
手铐	shǒukào	N	handcuff(s)
身处	shēnchǔ	V	to be located in
坪	píng	N	unit of area roughly equal to 35.58 square feet
小板凳	xiǎo bǎndèng	N	small stool

试图	shìtú	V	to attempt to
天花板	tiānhuābǎn	N	ceiling
火灾洒水器	huǒzāi sǎshuǐqì	N	fire extinguisher

PARAGRAPH 4

由于	yóuyú	Conj	because of
卫生设备	wèishēng shèbèi	NP	bathroom facilities; toilet
脱裤	tuōkù	VP	take off one's pants
便溺	biànnì	N	to defecate and urinate
产生	chǎnshēng	V	to produce
幻觉	huànjué	N	hallucinations
以为	yǐwéi	V	to mistakenly believe
排放	páifàng	V	to emit
毒死	dúsǐ	V	to be poisoned to death
恐惧	kǒngjù	N	fear
面临	miànlín	V	to face; to be faced with
眼镜	yǎnjìng	N	eyeglasses
玻璃	bōlí	N	glass
碎片	suìpiàn	N	shards; small pieces
手臂	shǒubì	N	arm
字母	zìmǔ	N	letter; alphabet

PARAGRAPH 5

生命垂危	(CN) shēngmìng chuíwēi; (TW) shēngmìng chuíwéi	V	to be at risk of losing one's life; to be on the edge of death
严重	yánzhòng	Adv	seriously
脱水	tuōshuǐ	V	to be dehydrated
肾衰竭	shènshuāijié	V	to suffer kidney failure
痉挛	jìngluán	V	to have spasms and convulsions
食道	shídào	N	esophagus
破裂	pòliè	V	to rupture
体重	tǐzhòng	N	body weight
公斤	gōngjīn	N	kilograms

PARAGRAPH 6

赔款	péikuǎn	V	to compensate; to pay damages
离谱	lípǔ	A	outrageous
处分	chǔfèn	V	to punish
愤怒	fènnù	A	angry; infuriated
索赔	suǒpéi	V	to seek compensation; to seek damages
允	yǔn	V	to promise; to agree to

Image courtesy of **Shuayb Popat** on Flickr.
(https://www.flickr.com/photos/77122155@N02/7157502846)

句型练习 Sentence Patterns

Study the following expressions in context, then use the given samples as a template to compose your own sentences.

1. 向⋯求偿 (VP) *xiàng…qiúcháng*; "to seek compensation from…"
    a. 丹尼尔・钟去年遭缉毒署逮捕后，被遗弃在阴暗牢房 4 天无人闻问。他形容受害经验「难以置信」，因此 向当局求偿。

　　b. 高铁的噪音造成沿线居民焦虑不安、失眠、心脏血管疾病，房屋也因长时间震动而龟裂，因此居民集体向高铁求偿新台币 4,200 多万元。

　　c. 这家玩具制造商被查出玩具含铅量超标，因此，政府和民间消费者团体决定向玩具公司求偿。

2. 在…的情况下 (ADV) zài…de qíngkuàng xià; "under the circumstances of…"

　　a. 他戴着手铐，身处 1.3 坪的无窗牢房，大声喊叫都没人理，在没水与食物的情况下，被迫喝尿维生。

　　b. 普通人在没有水的情况下只能活 5 至 7 天。

　　c. 在不知情的情况下，他的信用卡被多次盗刷。

3. 以为 (V) yǐwéi; "to mistakenly believe"

　　a. 第 3 天他开始产生幻觉，以为缉毒署官员要排放瓦斯毒死他。

　　b. 据幸存者忆述，汶川大地震发生时到处尘土飞扬，天色昏暗，大家都非常惊恐，以为世界末日到了。

　　c. 我们原以为跑到售票大厅内会安全些。没想到他们追到了人多的地方。

4. 弄 (V) nòng; "to do"; "to make"; "to cause to"

　　a. 他恐惧面临死亡，因此弄破眼镜，用玻璃碎片试图在手臂刻血字「老妈，对不起」，但最后只刻了一个字母「S」。

　　b. 这件事挺复杂的，有些问题还需要弄清楚。

　　c. 妈妈提醒孩子，这件新衣服价钱不便宜，千万不要弄脏了。

5. 感到 (V) gǎndào; "to feel"

　　a. 缉毒署事后道歉，但未说明为何发生离谱情事，也没人遭处分。丹尼尔·钟对此感到愤怒，索赔约 6 亿元台币。

　　b. 当他得知自己获得学校的一笔奖学金时，感到非常地高兴。

　　c. 他对于无法及时还清家中的债务感到抱歉。

重点理解 Reading Comprehension

依据课文内容回答下列问题：

1. 亚裔大学生 Daniel Chong 是因为何事被拘留在缉毒署的牢房中？

2. 被禁闭四日，在没有水没有食物的情况下，当事人是靠什么维生的？

3. 被囚禁期间，Daniel Chong 用破碎的眼镜片在手臂上划了一个「S」. 这个「S」代表的是什么？

深度思考 Points to Ponder

广泛搜集资料佐证自身观点：

1. 亚裔男大学生被误囚 4 日后，与司法部和解获赔 410 万美元。你认为这个金额合理吗？为什么？

2. 从当事人临死时所要表达的信念，以及获得赔偿后所选择的赔偿金用途中，你是否可以看出哪些传统儒家思想的痕迹？

3. 开轰趴吸食大麻与摇头丸，在你所处的地区是否属于犯法行为？如果被查获，将面临哪些处分？

Notes

▸ 金额 【jīn'é】 amount (or sum) of money

▸ 临死 【línsǐ】 on one's deathbed

▸ 信念 【xìnniàn】 faith; belief

▸ 用途 【yòngtú】 use; purpose

▸ 儒家 【rújiā】 Confucianist; belonging to the Confucian school

▸ 思想 【sīxiǎng】 thinking; philosophy; ideology

▸ 痕迹 【hénjì】 mark; trace

▸ 开轰趴 【kāihōngpā】 to have a private party; 轰趴 = "home party"

▸ 犯法 【fànfǎ】 to violate (or break) the law

▸ 查获 【cháhuò】 to detect and seize

▸ 面临 【miànlín】 to be faced with; to be confronted with
▸ 处分 【chǔfèn】 to take disciplinary action; to punish

EDUCATION

4 校园点滴

Image courtesy of **Seong-Hyeon Kang** on Flickr.
(https://www.flickr.com/photos/128088995@N08/15326921422)

4.1 Stolen Ideas

阅读前导 Pre-reading

What vocabulary items would you need to successfully engage in a discussion of plagiarism and academic dishonesty? How are these lexical items associated with each other? Are the associations the same in Chinese as they are in English? Brainstorm!

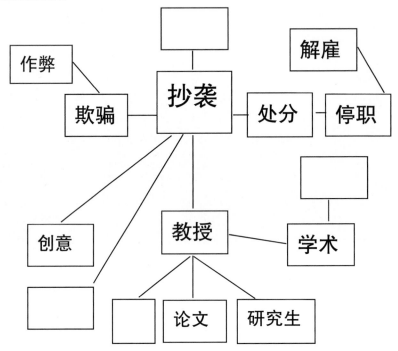

主题探索 Topic Exploration

Use the vocabulary you have compiled to answer, to the best of your ability, the following questions.

1. 何谓「学术剽窃」(academic plagiarism)？「参考」(reference) 与「剽窃」(plagiarism) 有何不同？
2. 你认识的朋友当中，有没有人剽窃过其他人的作品？他们剽窃的对象是什么？是书本、网络，还是其他同学的作业？

大纪元时报　　　　　　　　　　2012.09.10

湖北教授抄袭学生毕业设计获大奖被停职

【大纪元 2012 年 09 月 10 日讯】近日，湖北某高校艺术设计学院教授石元伍获得素有设计界奥斯卡之称的「红点奖」后，被人曝光该作品是抄袭该校 2009 年毕业生的作品。目前，该校已认定石元伍涉嫌抄袭，其系主任职务被暂停。

据《武汉晨报》报导，9 月 5 日，湖北某高校发布消息称，该校艺术设计学院工业设计系教授石元伍和研究生吴崇翔共同设计的作品「救生三角阀」摘取了国际重要设计大奖——2012 年度「红点至尊奖」。石元伍被邀请参加将于 10 月在新加坡举行的国际颁奖典礼。

据悉，红点奖源自德国，是目前世界上知名设计竞赛中最大最有影响的赛事之一，被称为设计界的奥斯卡，获奖作品可得到最大范围的认知，设计师们以获得该奖为荣。至尊奖作品则是「红点奖」相关类别中的最佳作品。

获奖消息刚公布没多久，7 日下午 1 点多，民众「涛哥哥 YE」在新浪微博发博文称，石元伍的获奖作品抄袭了自己同学胡素美的毕业作品「自由空间海上救生帐篷」。

《武汉晨报》记者联系到「涛哥哥 YE」。他表示，他是胡素美的同学，2005 年入读该校艺术设计学院，他看到获奖消息时就觉得作品很眼熟。他说，2009 年毕业时，学校给每个人都发了一份毕业设计集合册，胡素美的作品在其中。他还记得当时毕业展时，胡素美的作品在展厅内展出，许多人都看过。

身处风波中的石元伍称，作品最初的设计理念是他想出来的，被学生用在了毕业设计作品中。他给过胡素美指导，胡素美正是按照他的设计理念设计出了「自由空间海上救生帐篷」。

报导说，两人的作品都是海上救生设备，利用四块三角板，经过连接可以闭合，形成三角锥空间，一旦发生海难，遇险人员可以躲在空间内等待救援。根据网上公布的照片，两人作品外观色彩和形状构造上几乎一样。对此，石元伍坦言「借鉴了学生作品的外观」，但胡素美的毕业作品只是一个粗糙的想法和概念模型，自己的设计则有升级和改装。

《武汉晨报》记者联系到正在上海工作的胡素美。她表示，自己的作品曾获当年院系优秀毕业作品奖并出现在毕业展厅和毕业作品集中，当年的同学都知道。她说：「学校老师获奖的新闻一出来，就有同学告诉我了，这两天我的电话都被打爆了。」

胡素美介绍，当年有 3 位老师指导班上同学的毕业设计，自己是由郑璇老师负责。在完成作品的过程中，她曾多次去办公室找自己的指导老师，石元伍确实给过设计理念方面的指导。她表示，作为设计专业的学生，很希望能获得国际大奖，「我愿意跟石老师分享作品，跟他一起署名。」她说，自己只有这一条要求。

胡素美说，石元伍和院系领导都与自己联系过。「石老师发了一封邮件表示歉意，说忽视了我的劳动成果，希望能增加我为作者之一；学院的领导说同意更换第一作者的署名。」她说，自己因此事被推到了风口浪尖，也希望风波快些平息。

目前，该校官方网站已经撤下石元伍获得「红点至尊奖」的新闻。日前，该校艺术设计学院院长许开强受访时表示，已经认定石元伍涉嫌外形抄袭，其系主任职务已被暂停。

关键词汇 Vocabulary

HEADLINE

湖北	Húběi	N	Hubei Province
抄袭	chāoxí	V	to plagiarize
设计	shèjì	N	design
获奖	huòjiǎng	V	to win an award; to be awarded
停职	tíngzhí	V	to be suspended

PARAGRAPH 1

艺术设计学院	yìshù shèjì xuéyuàn	NP	College of Art and Design
设计界	shèjìjiè	N	the design industry
奥斯卡	Àosīkǎ	N	the Oscars (Academy Awards)
红点奖	Hóngdiǎnjiǎng	N	Red Dot Award (for design)
曝光	pùguāng	V	to come to light
作品	zuòpǐn	N	work; project; product
涉嫌	shèxián	V	to be accused of; alleged
系主任	xìzhǔrèn	N	department chair; department head
职务	zhíwù	N	work responsibilities
暂停	zàntíng	V	to suspend

PARAGRAPH 2

武汉晨报	Wǔhàn Chénbào	N	*Wuhan Morning News* (newspaper)
发布	fābù	V	to publish; to make public
工业设计系	gōngyè shèjìxì	NP	Department of Industrial Design
研究生	(CN) yánjiūshēng; (TW) yánjiùshēng	N	graduate student
救生三角阀	jiùshēngsānjiǎofá	N	triangular life raft
摘取	zhāiqǔ	V	to claim; to win
国际	guójì	V	international
红点至尊奖	Hóngdiǎn Zhìzūnjiǎng	N	Red Dot "Best of the Best" Award
新加坡	Xīnjiāpō	N	Singapore
颁奖典礼	bānjiǎng diǎnlǐ	NP	award ceremony

PARAGRAPH 3

据悉	jùxī	Adv	according to sources
源自	yuánzì	V	to come from
知名	zhīmíng	A	famous; renowned
竞赛	jìngsài	N	competition

赛事	sàishì	N	contest; competition
范围	fànwéi	N	scope
认知	rènzhī	N	recognition
设计师	shèjìshī	N	designer
以…为荣	yǐ…wéiróng	V	to regard as an honor
类别	lèibié	N	category; type
最佳	zuìjiā	A	best

PARAGRAPH 4

公布	gōngbù	V	to announce
民众	mínzhòng	N	ordinary citizen
新浪微博	(CN) Xīnlàng Wēibó; (TW) Xīnlàng Wéibó	NP	Sina blog page
发博文	fā bówén	VP	to write a blog posting
自由空间	zìyóukōngjiān	NP	free space
海上救生	hǎishàngjiùshēng	NP	rescue at sea
帐篷	zhàngpeng	N	tent

PARAGRAPH 5

联系	liánxì	V	to contact; to get in touch with
眼熟	(CN) yǎnshú; (TW) yǎnshóu	A	familiar
集合册	jíhécè	N	compendium; yearbook
展厅	zhǎntīng	N	exhibition hall; exhibition space
展出	zhǎnchū	V	to exhibit

PARAGRAPH 6

身处	shēnchǔ	V	to be situated in
风波	fēngbō	N	controversy
最初	zuìchū	Adv	initially; in the beginning
设计理念	shèjìlǐniàn	NP	design concept
按照	ànzhào	P	according to

PARAGRAPH 7

设备	shèbèi	N	equipment
利用	lìyòng	V	to make use of
三角板	sānjiǎobǎn	N	triangular plate
连接	liánjiē	V	to connect
闭合	bìhé	A	closed; having no opening
三角锥	sānjiǎozhuī	N	triangular pyramid
空间	kōngjiān	N	space
海难	hǎi'nàn	N	shipwreck
遇险	yùxiǎn	V	to be shipwrecked' to run into danger
人员	rényuán	N	personnel
躲	duǒ	V	to hide; to seek refuge
等待	děngdài	V	to wait (for)
救援	jiùyuán	N	rescue
外观	wàiguān	N	outward appearance
色彩	sècǎi	N	colors
形状	xíngzhuàng	N	shape
构造	gòuzào	N	structure
坦言	tǎnyán	V	to admit; to speak candidly
借鉴	jièjiàn	V	to use as reference
粗糙	cūcāo	A	rough; unpolished
想法	xiǎngfǎ	N	idea
概念	gàiniàn	N	concept; idea
模型	móxíng	N	model
升级	shēngjí	V	to upgrade; to improve
改装	gǎizhuāng	V	to remodel; to redesign

PARAGRAPH 8

打爆	dǎbào	V	to be used so often as to cause the device to fail; 打 "to call"; 爆 [resultative complement] "to explode"

PARAGRAPH 9

过程	guòchéng	N	process
指导	zhǐdǎo	N	supervision
署名	shǔ'míng	V	to be named as author or co-author

PARAGRAPH 10

院系	yuànxì	N	college and department
领导	lǐngdǎo	N	(department) head; chief
邮件	yóujiàn	N	mail; email
歉意	qiànyì	N	apology
忽视	hūshì	V	to neglect; to disregard
劳动成果	láodòng chéngguǒ	NP	fruit of one's labor
更换	gēnghuàn	V	to alter; to change
第一作者	dìyīzuòzhě	N	first author
风口浪尖	fēngkǒulàngjiān	N	center of the controversy
平息	(CN) píngxī; (TW) píngxí	V	to subside

PARAGRAPH 11

官网	guānwǎng	NP	short for 官方网站 "official website"
撤下	chèxià	V	to remove; to tear down
院长	yuànzhǎng	N	dean (of college)
认定	rèndìng	V	to determine

句型练习 Sentence Patterns

Study the following expressions in context, then use the given samples as a template to compose your own sentences.

1. 素有⋯之称 (VP) *sùyǒu…zhīchēng*; "to be known as..."
   a. 湖北某高校艺术设计学院教授石元伍获得素有设计界奥斯卡之称的「红点奖」后，被人曝光该作品是抄袭该校 2009 年毕业生的作品。

b. 素有「英伦玫瑰」之称的黛安娜王妃在一场车祸中逝世。

c. 谷开来因有聪慧的头脑、个人魅力与美丽容貌，素有中国的「贾桂林．甘乃迪」之称。

2. 以⋯为荣 (VP) *yǐ...wéiróng*; "to feel proud of..."

a. 红点奖源自德国，获奖作品可得到最大范围的认知，设计师们以获得该奖为荣。

b. 不少中国人都以篮球明星姚明为荣。

c. 中国父母多会以子女的优异表现为荣。

3. 一旦 (ADV) *yídàn*; "once"; "as soon as"; "in case"; "if"

a. 一旦发生海难，遇险人员可以躲在海上救生设备内等待救援。

b. 专家表示，一旦台风来袭，受影响地区的百姓要待在家里，停止室外集会。

c. 最新研究报告称，黄石公园犹如一枚「定时炸弹」，一旦地下超级火山喷发，将立即导致数万人死亡。

4. 由 X 负责 (VP) *yóu X fùzé*; "for X to be in charge"; "for X to take responsibility"

a. 胡素美介绍，当年有 3 位老师指导班上同学的毕业设计，自己是由郑璇老师负责。

b. 2012 年度的红点奖的国际颁奖典礼是由新加坡负责筹划的。

c. 这个国家的外交政策事宜主要由国务院专门负责。

5. ⋯之一 (N) *...zhīyī*; "one of..."; "a member of..."

a. 胡素美说：「石老师发了一封邮件表示歉意，说忽视了我的劳动成果，希望能增加我为作者之一。」

b. 国内妇女晚婚、不婚也是导致生育率下降的重要原因之一。

c. 这所私塾的创建者之一告诉记者，她希望女儿能像她自己的童年一样自然地成长。

Image courtesy of **Agnes Scott College** on Flickr.
(https://www.flickr.com/photos/agnesscottcollege/8953052592)

重点理解 Reading Comprehension

依据课文内容回答下列问题：

1. 设计学院石元伍教授是否承认抄袭学生胡素美的毕业作品？

2. 石元伍教授被学校认定抄袭学生作品之后，遭到何种处分？

3. 石元伍教授荣获「红点奖」之得奖作品抄袭学生毕业创作之事，是如何被抖出来的？

深度思考 Points to Ponder

广泛搜集资料佐证自身观点：

1. 在研究与创作的过程中，如果学生的原始构思经过老师的指导与润饰而得以发表或获得奖项，你认为主要功劳应该归于谁？作品应该挂学生的名字还是老师的名字，还是两个人的名字都挂？如果是后者，谁的名字应该摆在前面？

2. 在本事件中，你认为老师是无意中采用了学生的想法而忘了予以知会，还是处心剽窃学生的作品而蓄意占为己有？

3. 如果你是原先提出作品构想的学生，你会向老师提出法律告诉吗？

Notes

- ▸ 创作【chuàngzuò】to create (artistic work)
- ▸ 过程【guòchéng】course; process
- ▸ 原始构思【yuánshǐ gòusī】original idea; original conception
- ▸ 润饰【rùnshì】to polish; to retouch
- ▸ 功劳【gōngláo】credit (for work done)
- ▸ 归于【guīyú】to attribute (something) to (someone)
- ▸ 无意中【wúyìzhōng】inadvertently; unwittingly
- ▸ 采用【cǎiyòng】to adopt; to use
- ▸ 予以【yǔyǐ】to give; to provide
- ▸ 知会【zhīhuì】to notify
- ▸ 处心【chǔxīn】to scheme
- ▸ 剽窃【piāoqiè】to plagiarize
- ▸ 蓄意【xùyì】to do (something) deliberately
- ▸ 占为己有【zhànwéijǐyǒu】appropriate to oneself (what rightfully belongs to another)
- ▸ 作品【zuòpǐn】work (of art, literature, or scholarship).
- ▸ 构想【gòuxiǎng】idea
- ▸ 法律告诉【fǎlǜ gàosù】lawsuit; legal action

影音体验 Audio-Visual Experience

Watch the video segment below and see what additional details and viewpoints you can glean. Is the incident being viewed from a different perspective? Is it being described using a different set of vocabulary?

LINK: <https://www.youtube.com/watch?v=uyoARngcSVg>

4.2 A Vanishing Dialect

阅读前导 Pre-reading

What vocabulary items would you need to successfully engage in a discussion of dialect loss and language death? How are these lexical items associated with each other? Are the associations the same in Chinese as they are in English? Brainstorm!

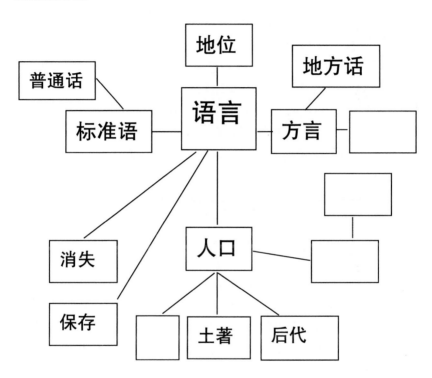

主题探索 Topic Exploration

Use the vocabulary you have compiled to answer, to the best of your ability, the following questions.

1. 你的朋友当中有没有北京人？他们说话的腔调有哪些特别的地方？
2. 你觉得北京话好听吗？你喜欢或不喜欢北京话的哪些特色？

北京晚报   2012.06.07

随学历而消失的方言 保卫「北京话」

【刘颖／特稿】「北京话衰落得太厉害了！我相信东北话再过几百年都不会消亡，但北京话等不了那么久了，北京方言已经濒危了！」

发起「北京方言的现状和保护课题组」的负责人北京联合大学现代汉语讲师房艳红老师表示，这决非耸人听闻，人类语言种类减少的速度也许仅次于生物物种。她说，据联合国教科文组织统计，全球 6000 多种语言中 43%面临消亡威胁，其中近 500 种极其危险。她认为所有的语言或方言的萎缩在全球化的今天是比较普遍的事实，只是程度不同、原因不同。而北京方言的萎缩也有特殊的原因。

「经过调查，我们发现影响北京话的因素排序依次是：家人、同学及朋友、大众传媒、老师、时尚文化、推广普通话政策。父母是高学历北京土著的，北京话纯度较低，普通话标准度较高，而子女的普通话标准度也较高。父母一代是高学历移民的，孩子说普通话的情况更普遍。这证明了北京话的纯度因受教育水平的提高而降低的事实。」房艳红的调查还从侧面论证了「拆迁」与「北京话」的关系。「我们调查发现，区域相对保守、发展相对滞后的地方，北京话保留得较好，如原宣武和崇文及相邻的丰台区；回迁居民集中的地方，更容易成为北京话的‘孤岛’，居民的子女说北京话的情况相对较好。不能不说，拆迁在一定程度上破坏了北京话的自然生存状态。」

而北京话与普通话本身太过相似，也是造成北京话衰落的原因。「北京话是普通话的语音基础，也是重要的词汇基础。在问卷中，有 7%的人明确表示不确定自己说的是北京话还是普通话。而实际比例远大于这个数字。有的人说着北京话，却认为自己说的是普通话，有的人说着比较标准的普通话却认为自己的话还有北京味。跟普通话越接近的方言，会消失得越快，这个观点已有不少学者提出过。」

相比较客观因素，房艳红认为北京话萎缩的主观原因更值得深思。「北京人是否还喜欢北京话，恐怕是决定北京话未来状态的关键因素。」

在调查小组进行的访查中，调查员直接询问受访者喜欢北京话还是普通话等问题。结果 34%的人选择「北京话」，46%的人选择「普通话」。在有关受访者希望孩子说什么话的提问中，37%的人选「北京话」，49%的人选「普通话」。这个调查说明，北京人在观念上并不都认可北京话，甚至有些说很地道北京话的北京人都觉得北京话「土」。

房艳红还注意到以上问题还表现出了明显的性别差异、区域差异和人群来源差异。调查显示，男性对北京话的取向倾向是 42%，比女性高出 18%；而女性对普通话的取向倾向是 56%，比男性高出 21%。语言的规范性是较高社会地位的标志。女性对于语言的规范度比男性敏感。青年一代新移民对北京话的取向仅有 6%，85%的人选择了普通话。这极有可能造成下一代新北京人的北京话纯度进一步降低。

面对结论，房艳红表示：「总之，北京方言正在萎缩。北京味随着世代更替越来越淡。这种情况和北京市的发展规划、开放程度、人群的变化、北京人的语言价值取向都有很大关系。这就是北京话的现状，至于北京话、京味文化能不能保护？怎样保护？这就不是我个人能左右的问题了。」

关键词汇 Vocabulary

HEADLINE

学历	xuélì	N	level of education
消失	xiāoshī	V	disappear; vanish
方言	fāngyán	N	dialect; regional speech
保卫	bǎowèi	V	protect; safeguard

PARAGRAPH 1

衰落	shuāiluò	V	to decline
厉害	lìhài	A	extreme
东北话	dōngběihuà	N	Northeastern dialect(s)
消亡	xiāowáng	V	to die out
濒危	(CN) bīnwēi; (TW) bīnwéi	V	to be endangered

PARAGRAPH 2

发起	fāqǐ	V	to launch
现状	xiànzhuàng	N	current state of affairs; current condition
课题	kètí	N	issue
组	zǔ	N	group
负责人	fùzérén	N	person in charge
北京联合大学	Běijīng Liánhé Dàxué	N	Beijing Union University
现代汉语	xiàndài hànyǔ	N	Modern Standard Chinese
讲师	jiǎngshī	N	lecturer
决非	juéfēi	V	is by no means; is absolutely not
耸人听闻	sǒngréntīngwén	A	exaggerated; sensational
人类	rénlèi	N	mankind
语言	yǔyán	N	language
种类	zhǒnglèi	N	type(s); varieti(es)
速度	sùdù	N	speed; rate
仅次于	jǐncìyú	V	to be second only to
生物物种	shēngwù wùzhǒng	NP	biological species
联合国教文组织	Liánhéguó Jiàokēwénzǔzhī	NP	United Nations Educational, Scientific, and Cultural Organization (UNESCO)
统计	tǒngjì	N/V	to gather statistics
全球	quánqiú	A	worldwide; global
面临	miànlín	V	to face; to be faced with
威胁	wēixié	V	to threaten

极其	jíqí	Adv	extremely
危险	(CN) wēixiǎn; (TW) wéixiǎn	V	to be endangered
萎缩	wěisuō	V	to shrink; to attrition
全球化	quánqiúhuà	N	globalization
普遍	pǔbiàn	A	widespread
事实	shìshí	N	fact
程度	chéngdù	N	degree; extent
特殊	tèshū	A	special

PARAGRAPH 3

影响	yǐngxiǎng	V	to influence; to affect
排序	páixù	V	to rank; to order
依次	yīcì	Adv	in order; ins equence
大众传媒	dàzhòng chuánméi	N	mass media
时尚文化	shíshàng wénhuà	NP	fashion and culture
推广	tuīguǎng	V	to promote
普通话	pǔtōnghuà	N	putonghua; Modern Standard Chinese
政策	zhèngcè	N	policy
土著	tǔzhù	N	native(s); local(s)
纯度	chúndù	N	purity
标准度	biāozhǔndù	N	standardness
移民	yímín	N	immigrant
普遍	pǔbiàn	Adv	generally; commonly
证明	zhèngmíng	V	to prove
侧面	cèmiàn	N	side (as opposed to front)
论证	lùnzhèng	V	to argue; to prove
拆迁	chāiqiān	V	to demolish and relocate
区域	qūyù	N	district(s)
保守	bǎoshǒu	A	conservative
滞后	zhìhòu	V	to be backward; to be less progressive
保留	bǎoliú	V	to retain
宣武	Xuānwǔ	N	Xuanwu district
崇文	Chóngwén	N	Chongwen district
相邻	xiānglín	A	neighboring; adjacent

119

丰台区	Fēngtáiqū	N	Fengtai district
回迁	huíqiān	V	to move back; to return
居民	jūmín	N	resident(s)
集中	jízhōng	V	to concentrate in
孤岛	gūdǎo	N	enclave
破坏	pòhuài	V	to destroy
生存状态	shēngcún zhuàngtài	NP	state of existence

PARAGRAPH 4

本身	běnshēn	N	itself
太过相似	tàiguò xiāngsì	V	to be overly similar
造成	zàochéng	V	to cause to be
语音	yǔyīn	N	pronunciation; phonetics
基础	jīchǔ	N	foundation
词汇	cíhuì	N	vocabulary; lexicon
问卷	wènjuàn	N	questionnaire; survey
明确	míngquè	Adv	clearly; unequivocally
确定	quèdìng	V	to be certain; to be sure
实际	shíjì	A	actual
比例	bǐlì	N	proportion; ratio
远大于	yuǎndàyú	V	to be far greater than
北京味	Běijīng wèi	N	Old Peking (Beijing) flavor
观点	guāndiǎn	N	viewpoint; perspective
学者	xuézhě	N	scholar(s); academic(s)
提出	tíchū	V	propose

PARAGRAPH 5

客观	kèguān	A	objective
主观	zhǔguān	A	subjective
深思	shēnsī	V	to contemplate
是否	shìfǒu	Adv	whether or not
恐怕	kǒngpà	Adv	afraid; probably; most likely
未来	wèilái	Adv	in the future
状态	zhuàngtài	N	state; condition
关键	guānjiàn	A	key; critical
访查	fǎngchá	N	field study; interview

调查员	diàocháyuán	N	interviewee; researcher
直接询问	zhíjiē xúnwèn	V	to ask directly
受访者	shòufǎngzhě	N	subject; interviewee

PARAGRAPH 6

提问	tíwèn	N	question asked
认可	rènkě	V	to approve of
地道	dìdào	A	authentic
土	tǔ	A	uncouth; unsophisticated

PARAGRAPH 7

以上	yǐshàng	A	above; aforementioned
明显	míngxiǎn	A	obvious
性别	xìngbié	N	gender; sex
差异	chāyì	N	difference
区域	qūyù	N	region; regional
人群来源	rénqún láiyuán	NP	ethnic group
取向	qǔxiàng	N	orientation
倾向	qīngxiàng	N	tendency
规范性	guīfànxìng	N	standardness
社会地位	shèhuì dìwèi	NP	social status
标志	biāozhì	N	mark; symbol
敏感	mǐngǎn	A	sensitive
青年一代	qīngnián yídài	N	younger generation
新移民	xīnyímín	NP	new immigrants
下一代	xiàyídài	N	next generation
进一步	jìnyíbù	Adv	further

PARAGRAPH 8

面对	miànduì	V	to face
结论	jiélùn	N	conclusion
总之	zǒngzhī	Conj	to conclude; in summary
世代更替	shìdài gēngtì	N	generational change
规划	guīhuà	N	planning
开放程度	kāifàng chéngdù	NP	degree of openness (to immigrants and outsiders)
价值取向	jiàzhí qǔxiàng	N	values

现状	xiànzhuàng	N	current state of affairs
京味文化	jīngwèi wénhuà	NP	Old Pekinese traditions and culture
左右	zuǒyòu	V	to affect; to influence

句型练习 Sentence Patterns

Study the following expressions in context, then use the given samples as a template to compose your own sentences.

1. 随…而… (VP) *suí…ér...*; "to...in sync with..."; "to...in proportion to..."
   a. 北京话是一种随学历而消失的方言。
   b. 人寿保险的保费是随着投保者的年龄而增长的。
   c. 电器产品的价格随订购数量不同而有所变化。

2. 仅次于 (V) *jǐncìyú*; "to be second only to..."
   a. 负责人北京联合大学现代汉语讲师房艳红老师表示，这决非耸人听闻，人类语言种类减少的速度也许仅次于生物物种。
   b. 在 2050 年，印度会成为全球第三大经济体，仅次于中国和美国。
   c. 仅次于瑞士，新加坡为世界第二安全的国家。

3. 面临…(的)威胁 (V) *miànlín…(de) wēixié*; "to be faced with the threat of…"
   a. 据联合国教科文组织统计，全球 6000 多种语言中 43% 面临消亡威胁，其中近 500 种极其危险。
   b. 全球变暖趋势已让北极熊的生存面临极大的威胁。
   c. 世界各国面临恐怖主义空前的威胁。

4. 在一定程度上 (ADV) *zài yídìng chéngdù shang*; "to some extent"; "to a certain degree"
   a. 拆迁在一定程度上破坏了北京话的自然生存状态。
   b. 日本首相不在终战纪念日参拜靖国神社的决定，在一定程度上顾及了中国和韩国。
   c. 在一定程度上，高学历者比低学历者更容易找到工作。

5. 至于 (CONJ) *zhìyú*; "as far as…is concerned"; "regarding"; "as to"; "as for"

    a. 房艳红表示：「总之，北京方言正在萎缩……。至于北京话、京味文化能不能保护？怎样保护？这就不是我个人能左右的问题了。」

    b. 新一代苹果手机即将上市，至于售价方面，消费者期待新手机的价格不要与上一代的苹果手机差距太大。

    c. 至于这场战争，交战双方都决心要不惜任何代价取得胜利。

Image courtesy of **Hyman Zhang** on Flickr.
(https://www.flickr.com/photos/hyman_zhang/8888025518)

重点理解 Reading Comprehension

依据课文内容回答下列问题：

1. 文中提到，北京人比较喜欢说北京话还是比较喜欢说普通话？喜欢的程度和性别、出生地和教育程度有何关连？

2. 作者人为，北京人在观念上不认可北京话的主要原因是什么？

3. 笔者表示，北京话消失的速度，会比其他方言快，还是比其他方言慢？

深度思考 Points to Ponder

广泛搜集资料佐证自身观点：

1. 「北京话」和我们现在所学的「普通话」、「国语」有何不同？在语音方面有哪些不同？在词汇方面有哪些不同？这些差异是如何产生的？

2. 政府应该采取行动保卫北京话吗？民间有没有发起哪些保卫北京话的行动？有哪些具体行动？

3. 目前中国各地透过学校与教育大力推广普通话，使得年轻一代已多半以普通话为主要沟通语言。如此一来，中国各地的方言会不会因为和普通话竞争趋于劣势而最终消失？

Notes

▸ 语音【yǔyīn】speech sounds; pronunciation
▸ 词汇【cíhuì】vocabulary; lexicon
▸ 保卫【bǎowèi】to defend; to safeguard
▸ 民间【mínjiān】the civilian population (as opposed to government bodies)
▸ 发起【fāqǐ】to initiate; to launch
▸ 具体【jùtǐ】concrete; specific; particular
▸ 行动【xíngdòng】action
▸ 透过【tòuguò】through; via
▸ 如此一来【rúcǐyìlái】that way; if this were to happen
▸ 趋于【qūyú】to move towards
▸ 劣势【lièshì】disadvantage; inferior position

4.3 A Classical Education

阅读前导 Pre-reading

What vocabulary items would you need to successfully engage in a discussion of alternative education? How are these lexical items associated with each other? Are the associations the same in Chinese as they are in English? Brainstorm!

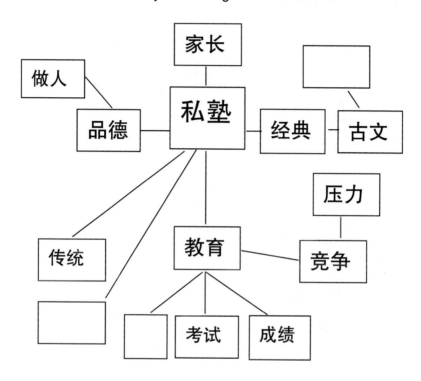

主题探索 Topic Exploration

Use the vocabulary you have compiled to answer, to the best of your ability, the following questions.

1. 如果不用顾虑学费，你愿意你的孩子读公立学校还是私立学校？为什么？
2. 无论是小学、中学还是大学，私校学费通常都比公立学校高出许多。你认为私校的教育成效是否与价钱成正比？

中国日报   2010.05.18

北京全日制私塾受家长追捧

【中国日报记者　王薇】中国日报网消息：英文《中国日报》5 月 18 日报导：张乐乐翻开竖版繁体《孟子》，大声朗读出来。这是这个 7 岁半的孩子第 300 次读这本书了，但他还读得全神贯注。

和同龄人不同，乐乐没有在公立学校上学。他从四岁起就在私塾读经。

他现在已经可以熟练地背诵 4 村 5 本中国古代著作，包括《论语》和《老子》。

私塾的教学方式非常特别，一些教育家甚至批评他们缺乏计算机、科学和数学的内容。

乐乐目前在关正私塾上学，这里一共有 12 个学生。

学校成立于 2008 年。学生家长说他们将孩子送到这里来是因为他们对传统的公立学校教育模式没有信心。

北京目前有十几家私塾，上百名学生在这里上课。

私塾的教育中心在德育教育，让学员成为有健康品德和能力的人。

这 12 个学生中，最小的只有 5 岁，最大的 8 岁。

家长的考虑是等到小孩子到了上中学的年龄，将他们送到公立初中继续学业。

学生在这里不接触电脑，为数不多的看电视的时间也是在看古代著作的 DVD。

学生一天花 6 小时左右的时间读经，其他时间读英文的圣经。同时学习一些英文的口语、书法和武术。学习做饭、洗衣服、打扫卫生也是同学生活中的重要一部分。

张新，这所私塾的创建者之一告诉《中国日报》，她希望她的女儿在这里上学是因为她希望女儿能像她自己的童年一样自然地成长，远离考试和竞争的压力，出于对生活的热爱和对知识的渴求而学习。

她认为通过阅读这些古代哲学家的著作，学生会学到的是中国文化的精华：仁和德。但是学校的课本中通常都是「春天来了，桃花红了」这样的文章。很少见到关于国学的内容。

「这对我们的孩子来说太浅了」。13 岁前他们的记忆力是最好的，我们应该充分利用这段时间。通过上百遍的读经，这些伟大的思想已经深深地印入学生的血液中，让他们终身受益。

「这就像我们在他们的心中种下了智慧。」

她每天花 20-30 分钟给孩子讲讲数学。他们已经能掌握 100 以内的加减法，和在公立学校的学生水平相同。

「但是我们只花了很少的时间却取得了相同的成果。」

关女士抱怨主流的教育系统太注重考试成绩，也不鼓励他们做劳动，而劳动可以锻炼他们的品格。

「有时候我都觉得不好意思，每周一孩子上学的时候，他的房间整理得比我的还干净。」

然而，一些教育学家并不认可私塾的教育模式。

李山，北京师范大学古代文学教授认为国学虽好，学校也应该加强在这方面的教育，但是单学国学太单一了。

「就好比糖，大家都知道糖是好东西，但是只吃糖是不能维持生命的。」

虽然社会存在着种种问题，但是不能不让孩子们接触问题。给他们制造一个假环境，他们就好像生活在实验室中的试验品。

但是关女士认定私塾教育会有利于孩子的成长。她在考虑让孩子 13 岁时参加高考。

「我认为他会受益终身的。」她说。

（为保护采访人，文中使用的都为化名）

关键词汇 Vocabulary

HEADLINE

全日制	quánrìzhì	A	full-time
私塾	sīshú	N	private academy
追捧	zhuīpěng	V	to be fond of; to chase after

PARAGRAPH 1

竖版	shùbǎn	A	written in vertical script (like traditional Chinese books, not like modern Chinese books)
繁体	fántǐ	N	traditional Chinese characters (not simplified Chinese characters)
孟子	Mèngzǐ	N	Mencius
朗读	lǎngdú	V	to recite
全神贯注	quánshénguànzhù	V	to be completely focused

PARAGRAPH 2

同龄	tónglíng	A	of the same age
公立学校	gōnglì xuéxiào	NP	public school(s)
经	jīng	N	classic(s)

PARAGRAPH 3

熟练	(CN) shúliàn; (TW) shóuliàn	V	to be adept; to be well-versed
背诵	bèisòng	V	to memorize; to recite from memory
古代	gǔdài	A	ancient; from the ancient period
著作	zhùzuò	N	work of literature; publication
包括	bāokuò	V	to include
论语	Lúnyǔ	N	the Analects (of Confucius)
老子	Lǎozǐ	N	Lao Tzu (Laozi)

PARAGRAPH 4

教学方式	jiàoxué fāngshì	NP	teaching method
教育家	jiàoyùjiā	N	educator
批评	pīpíng	V	to criticize
缺乏	quēfá	V	to lack

计算机	jìsuànjī	N	[formal] computer
科学	kēxué	N	science
数学	shùxué	N	mathematics
内容	nèiróng	N	content

PARAGRAPH 6

成立	chénglì	V	to establish; to form
传统	chuántǒng	A	traditional; conventional
教育模式	jiàoyù móshì	NP	mode of education
信心	xìnxīn	N	faith; confidence

PARAGRAPH 8

教育中心	jiàoyù zhōngxīn	NP	focus of education
德育	déyù	N	moral education
学员	xuéyuán	N	member; pupil
品德	pǐndé	N	morals; ethics

PARAGRAPH 9

考虑	kǎolǜ	N	consideration; thinking
学业	xuéyè	N	academic work

PARAGRAPH 10

接触	jiēchù	V	to come into contact with
为数不多	wéishù bùduō	V	to be few in number

PARAGRAPH 11

圣经	Shèngjīng	N	the Holy Bible
口语	kǒuyǔ	N	colloquial language; speaking
书法	shūfǎ	N	calligraphy
武术	wǔshù	N	martial arts
打扫卫生	dǎsǎo wèishēng	VP	to tidy up; to clean
一部分	yíbùfèn	N	a part

PARAGRAPH 12

创建者	chuàngjiànzhě	N	founder
童年	tóngnián	N	childhood
成长	chéngzhǎng	N	adulthood
远离	yuǎnlí	V	to get away from; to leave behind
竞争	jìngzhēng	N	competition
热爱	rè'ài	V	to be passionate about; to have a fondness for
知识	(CN) zhīshi; (TW) zhīshì	N	knowledge
渴求	kěqiú	V	thirst (for knowledge)

PARAGRAPH 13

哲学家	zhéxuéjiā	N	philosopher
学生会	xuéshēnghuì	N	student union
文化	wénhuà	N	culture
精华	jīnghuá	N	essence
仁	rén	N	compassion; humanity
德	dé	N	morals; ethics
课本	kèběn	N	reader; textbook
桃花	táohuā	N	peach blossom
文章	wénzhāng	N	article

PARAGRAPH 14

浅	qiǎn	A	easy; rudimentary (literally "shallow")
记忆力	jìyìlì	N	memory
上百遍	shàngbǎibiàn	Adv	hundreds of times
伟大	wěidà	A	great
思想	sīxiǎng	N	philosophy; thought
深	shēn	A	deep; profound
印入	yìnrù	V	to be imprinted upon
血液	(CN) xuèyè; (TW) xiěyì	N	blood
终身受益	zhōngshēn shòuyì	V	to benefit (from something) for life

PARAGRAPH 15

种下	zhòngxià	V	to sow the seeds of
智慧	zhìhuì	N	wisdom

PARAGRAPH 16

掌握	zhǎngwò	V	to grasp
加减法	jiājiǎnfǎ	N	addition and subtraction (arithmetic)
水平	shuǐpíng	N	level; standard

PARAGRAPH 17

取得	qǔdé	V	to obtain; to achieve
成果	chéngguǒ	N	result(s)

PARAGRAPH 18

抱怨	bàoyuàn	V	to complain
主流	zhǔliú	N	mainstream
系统	xìtǒng	N	system
注重	zhùzhòng	V	to stress; to focus on
劳动	láodòng	N	labor
锻炼	duànliàn	V	to train; to sharpen
品格	pǐngé	N	character; moral qualities

PARAGRAPH 19

整理	zhěnglǐ	V	to tidy up

PARAGRAPH 20

然而	rán'ér	Conj	however

PARAGRAPH 21

北京师范大学	Běijīng Shīfàn Dàxué	N	Beijing Normal University
国学	guóxué	N	Sinology; philology
加强	jiāqiáng	V	to strengthen

单	dān	Adv	only; singularly
单一	dānyī	A	monotonous; lacking diversity

PARAGRAPH 22

好比	hǎobǐ	P	just like
糖	táng	N	candy
维持生命	wéichí shēngmìng	VP	to maintain one's life; to stay alive

PARAGRAPH 23

制造	zhìzào	V	produce; create
假	jiǎ	A	fake; unreal
环境	huánjìng	N	environment
实验室	shíyànshì	N	laboratory
试验品	shìyànpǐn	N	experimental subjects; guinea pigs

PARAGRAPH 24

认定	rèndìng	V	to be certain of; to be determined that
有利于	yǒulìyú	V	to be beneficial to
高考	gāokǎo	N	college entrance examination

PARAGRAPH 25

化名	huàmíng	N	pseudonym

句型练习 Sentence Patterns

Study the following expressions in context, then use the given samples as a template to compose your own sentences.

1. 从···起 (PREP) *cóng…qǐ*; "from…on"
    a. 和同龄人不同，乐乐没有在公立学校上学。他从四岁起就在私塾读经。

    b. 王芬芬从高中起就到澳大利亚留学，一学就是 8 年。

    c. 英国商人海伍德就是从那时起，逐渐打入薄家的核心。

2. 成立于 (V) *chénglìyú*; "to be founded in"; "to be established in"

    a. 这所学校成立于 1968 年，是加州著名的私校之一。

    b. 苹果计算机成立于 1976 年，是一家跨国公司，总部位于加州的硅谷。

    c. 美利坚合众国，简称美国，成立于 1776 年，是由 50 个州和华盛顿哥伦比亚特区组成。

3. 对…有信心 (VP) *duì…yǒu xìnxīn*; "to have faith in…"; "to trust"

    a. 学生家长说他们将孩子送到这里来是因为他们对传统的公立学校教育模式没有信心。

    b. 据调查数据显示，超过七成的受访者对未来 5 年中国的法制化进程有信心。

    c. 不要担心，我对你有信心，知道你一定会考得很好的。

4. …左右 (ADV) *…zuǒyòu*; "…or so"; "approximately…"

    a. 学生一天花 6 小时左右的时间读经，其他时间读英文的圣经。

    b. 昨天傍晚 6 点左右，她抱着 18 个月大的儿子下楼，婆婆跟在后面。

    c. 哈佛和耶鲁大学学生的平均学分绩点均为 3.80 左右。

5. 却 (ADV) *què*; "nevertheless"; "however"

    a. 她每天只花了很少的时间学习，却取得了相同的成果。

    b. 贵州农民潘华兵眼见六岁女儿将被砍刀触及，连忙伸手拉开女儿，自己却中刀倒地。

    c. 租给老人与年轻人，虽然租金一样，风险却不同。

重点理解 Reading Comprehension

依据课文内容回答下列问题:

1. 私塾教育的内容主要有哪些? 学生必须熟读哪些中英文经典? 有哪些现代教育的内容是私塾教育所回避的?

2. 将孩子送去读私塾的家长，做此选择的主要原因有哪些?

3. 在私塾受教育，除了学习古代经典之外，还必须学习哪些生活技能?

深度思考 Points to Ponder

广泛搜集资料佐证自身观点：

1. 如果有机会，你愿意把自己的孩子送到远离现代科技、只学习古文与做人道理的古典私塾去读小学或中学吗？为什么？

2. 在私塾受古典教育的中、小学生们，上了大学以后能够赶得上其他同学吗？有没有相关研究或报导追踪他们从私塾毕业以后的表现？

3. 在西方，有没有类似中国私塾，拒绝现代科技教育的学童教养方式？

Notes

- ▸ 科技【kējì】science and technology
- ▸ 古文【gǔwén】Classical Chinese prose
- ▸ 做人【zuòrén】how to conduct oneself; how to behave; how to be an upright person
- ▸ 道理【dàolǐ】principle; rule
- ▸ 古典【gǔdiǎn】classical
- ▸ 私塾【sīshú】(old-fashioned) private academy
- ▸ 赶得上【gǎndeshàng】to keep up with
- ▸ 追踪【zhuīzōng】to trace; to track: to perform a follow-up study
- ▸ 类似【lèisì】similar
- ▸ 拒绝【jùjué】to refuse; to reject
- ▸ 教养【jiàoyǎng】to bring up; to raise

影音体验 Audio-Visual Experience

Watch the video segment below about the philosophy behind the founding of classical-style private academies and how they became popular among parents. Are the arguments given for a classical style education the same as those put forth in this piece?

LINK: <https://www.youtube.com/watch?v=imOSjvIQN3Q>

5 民生观察

Image courtesy of **Tony Tseng** on Flickr.
(https://www.flickr.com/photos/tsengphotos/19613037171)

5.1 Plummeting Birth Rates

阅读前导 Pre-reading

What vocabulary items would you need to successfully engage in a discussion of birth rates in industrialized countries? How are these lexical items associated with each other? Are the associations the same in Chinese as they are in English? Brainstorm!

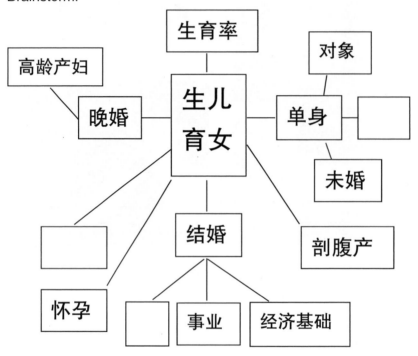

主题探索 Topic Exploration

Use the vocabulary you have compiled to answer, to the best of your ability, the following questions.

1. 你有没有打算要结婚生小孩？要生几个孩子？为什么？
2. 比起过去，现代人普遍晚婚或不婚，你认为其原因是什么？

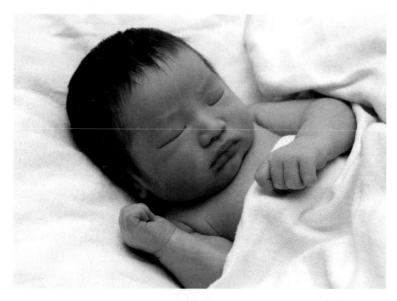

Image courtesy of **Richelle M. Shum**.

中国时报   2011.08.15

为何不生？经济负担是主因

【丘俐颖／台北报导】台湾生育率直直落，卫生署调查发现，无论已婚、未婚，妇女不想生小孩的理由，以经济负担、社会环境不稳定、没把握做好父母角色居前三名；另国内妇女晚婚、不婚也是导致生育率下降的重要原因之一，十四年来，生育年龄更往后延了五年。

依据卫生署国民健康局，民国九十七年对国内二十岁至四十九岁女性进行的「第十次家庭与生育率」调查，针对不想生孩子的理由，「因生小孩对家庭是一项经济负担」高居第一，已婚、未婚妇女分占 62.9%、55.6%；其次为「因社会、治安、环境不稳定」，分占 11.2% 到 12.8%，显示不生小孩和经济欠佳高度相关。

另外，「没有把握做好父母的角色」则为第三原因，分占 9.3% 与 12.6%。生小孩会失去自由、没人帮忙带小孩、因工作就业关系不想生小孩也都是不生原因。

调查同时发现，国内女性生育年龄不断往后延，民国七十四年女性生育年龄高峰为二十五、六岁，但到了九十八年，生育年龄却延到三十岁之后，晚了五年之多。有偶妇女的理想子女数，则从七十四年的 2.5 降到九十七年的 2.1。

现代女性普遍晚婚、不婚，而女性迟迟不婚理由，三十岁以前「还没有经济基础」是主因；但年满三十岁「还没有遇到合适的对象」则为大宗。

国健局副局长赵坤郁表示，目前教育普及，女性平均教育年数延长，是导致结婚年龄往后延的原因，加上未婚怀孕、未婚生子较不符传统观念，妇女晚婚、未婚比率增加，这样的现象的确值得社会关心。

妇产科医学会秘书长黄闵照提醒，产妇怀孕时年满三十四岁，就算高龄产妇，女性年过三十七、三十八岁，卵子功能更如同云霄飞车般，急速下降，品质不佳，染色体异常机率也高，妈妈怀孕也较易有妊娠糖尿病、高血压，剖腹产比例也相对提升。

他认为，现代人拼事业、考量经济，生育的重要顺位可能往后延，但若有生育需求仍应及早规划。

关键词汇 Vocabulary

HEADLINE

经济	jīngjì	N/A	economy; economic; financial
负担	fùdān	N	burden
主因	zhǔyīn	N	main reason

PARAGRAPH 1

生育率	shēngyùlǜ	N	birth rate
直直落	zhízhíluò	V	to go into freefall; to keep on falling
卫生署	wèishēngshǔ	N	Ministry of Health
无论	wúlùn	Conj	no matter; regardless of
已婚	yǐhūn	A	married
未婚	wèihūn	A	single (never married)
环境	huánjìng	N	environment

140

稳定	wěndìng	A	stable
没把握	méibǎwò	V	to be unsure; to have no faith
角色	(CN) juésè; (TW) jiǎosè	N	role
晚婚	wǎnhūn	V	to marry late
不婚	bùhūn	V	to choose not to marry
导致	dǎozhì	V	to lead to; to cause
下降	xiàjiàng	V	to drop; to plummet
生育年龄	shēngyù niánlíng	NP	age of childbirth
往后延	wǎnghòu yán	V	to push back; to delay

单身　　dānshēn　　unmarried; single

PARAGRAPH 2

依据	yījù	V	according to
国民健康局	Guómín Jiànkāngjú	N	Bureau of Health Promotion
针对	zhēnduì	P	to focus on; to target
其次	qícì	Adv	secondly; next
治安	zhì'ān	N	security; safety
显示	xiǎnshì	V	to show; to reveal
欠佳	qiànjiā	V	to be less than optimum; to be not so good
相关	xiāngguān	N	correlation

PARAGRAPH 3

失去自由	shīqù zìyóu	NP	to lose one's personal freedom
就业	jiùyè	V	to work; to be employed

PARAGRAPH 4

不断	búduàn	Adv	continuously; nonstop
高峰	gāofēng	N	peak; highest point
有偶妇女	yǒu'ǒu fùnǚ	NP	married women; women with partners
理想	lǐxiǎng	A	ideal
子女数	zǐnǚshù	N	number of children; number of offspring

PARAGRAPH 5

现代女性	xiàndài nǚxìng	NP	modern woman
普遍	pǔbiàn	Adv	generally; commonly
迟迟	chíchí	Adv	at such a late stage still
年满	niánmǎn	V	to reach a certain age
遇到	yùdào	V	to encounter
对象	duìxiàng	N	partner
大宗	dàzōng	N	the majority

PARAGRAPH 6

国健局	guójiànjú	N	short for 国民健康局; Bureau of Health Promotion
副局长	fùjúzhǎng	N	deputy bureau chief
平均	píngjūn	A	average
延长	yáncháng	V	to extend; to lengthen
导致	dǎozhì	V	to cause
未婚怀孕	wèihūn huáiyùn	V	to be pregnant out of wedlock
未婚生子	wèihūn shēngzǐ	V	to give birth out of wedlock
不符	bùfú	V	to be inconsistent with; to not sit well with
传统观念	chuántǒng guānniàn	NP	traditional views; traditional mentality
比率	bǐlǜ	N	rate; ratio
增加	zēngjiā	V	to increase
现象	xiànxiàng	N	phenomenon
的确	díquè	Adv	indeed
值得	zhíde	V	to be worth

PARAGRAPH 7

妇产科	fùchǎnkē		obstetrics and gynecology
妇产科医学会	Fùchǎnkē Yīxuéhuì	N	Association of Obstetrics and Gynecology
秘书长	mìshūzhǎng	N	secretary general
提醒	tíxǐng	V	to remind

产妇	chǎnfù	N	expectant mother(s)
怀孕	huáiyùn	V	to be/become pregnant
就算	jiùsuàn	Conj	even if
高龄产妇	gāolíng chǎnfù	N	advanced maternal age mother
卵子	luǎnzǐ	N	(ovarian) egg(s)
功能	gōngnéng	N	function
如同···般	rútóng...bān	V	to be just like
云霄飞车	yúnxiāofēichē	N	rollercoaster
急速下降	jísù xiàjiàng	V	to drop rapidly; to go into freefall
品质不佳	(CN) pǐnzhì bùjiā; (TW) pǐnzhí bùjiā	VP	to be of poor quality
染色体	rǎnsètǐ	N	chromosome
异常	yìcháng	A	abnormal
机率	jīlǜ	N	probability; chance
妊娠糖尿病	rènshēn tángniàobìng	N	gestational diabetes
高血压	(TW) gāoxiěyā; (CN) gāoxuèyā	N	hypertension
剖腹产	(TW) pǒufùchǎn; (CN) pōufùchǎn	N	Caesarian birth
比例	bǐlì	N	proportion
相对	xiāngduì	Adv	relatively
提升	tíshēng	V	to rise; to increase

PARAGRAPH 8

拼事业	pīn shìyè	VP	to build a career
考量	kǎoliáng	V	to consider; to be mindful of
重要顺位	zhòngyào shùnwèi	N	priority
及早	jízǎo	Adv	at an early stage; early on
规划	guīhuà	V	to plan

句型练习 Sentence Patterns

Study the following expressions in context, then use the given samples as a template to compose your own sentences.

1. 无论 (CONJ) *wúlùn*; "no matter"; "regardless of"
   a. 卫生署调查发现，无论已婚、未婚，妇女不想生小孩的理由，以经济负担、社会环境不稳定、没把握做好父母角色居前三名。
   b. 无论天气好坏，明天的足球比赛都会照常举行。
   c. 无论是小学、中学还是大学，私校学费通常都比公立学校高出许多。

2. 依据… (CONJ) *yījù…*; "according to" (= 根据)
   a. 依据卫生署的调查，女性不想生孩子的理由，「因生小孩对家庭是一项经济负担」高居第一。
   b. 美国大学的录取标准，主要是依据学生的高中成绩、课外活动参与、以及老师的推荐信为最主要参考。
   c. 各国的奥运选拔办法通常是依据国内比赛的积分来决定。

3. 针对 (P) *zhēnduì*; "to focus on"; "to pick out"
   a. 依据对女性进行的调查，针对不想孩子的理由，「因生小孩对家庭是一项经济负担」高居第一。
   b. 美国在未来数年内预计不会针对伊朗石油业进行大规模投资。
   c. 此研究针对 240 万名异性恋者，平均年龄是 35 岁以上。

4. 而 (CONJ) *ér*; "whereas"; "furthermore"
   a. 现代女性普遍晚婚、不婚，而女性迟迟不婚理由，三十岁以前「还没有经济基础」是主因。
   b. 这家高科技公司因为经营不善而亏损连连，而股价也大跌。
   c. 普丁的小动作被全球媒体大力放送后，仍然获赞贴心，而大家也都关心这件毛毯最后下落何方。

5.　如同…般 (ADV) *rútóng…bān*; "just like..."; "to be similar to..."

　　a.　女性年过三十七、三十八岁，卵子功能更如同云霄飞车般，急速下降，质量不佳，染色体异常机率也高。

　　b.　这对老夫妇没有子女，他们就将领养回来的小狗如同子女般疼爱。

　　c.　课后补习班业者看准华人父母望子成龙的心态，各类补习班也如同雨后春笋般涌现。

重点理解 Reading Comprehension

依据课文内容回答下列问题：

1. 台湾新婚夫妇不想生孩子的三大原因为何？

2. 文中提到，现代女性普遍晚婚，甚至不婚的原因是什么？

3. 文章表示，晚婚生子有哪些健康上的风险？

深度思考 Points to Ponder

广泛搜集资料佐证自身观点：

1. 世界上生育率最高的是哪些国家？生育率最低的是哪些国家？从数据中能否看出生育率与种族、地域、教育、经济或宗教的关连？

2. 有人说世界人口早已超过了地球所能负荷的数量，因此生育率降低是好事，是在「拯救地球」、「拯救人类」。你同意吗？

3. 有人说生育率降低会使国家的人口高龄化：能付出劳力的年轻人变少，而需要抚养的老年人变多，使经济无法负荷。人口高龄化的社会还有哪些其他的现象？

Notes

▸ 数据【shùjù】 data; statistics
▸ 地域【dìyù】 region; district
▸ 关连【guānlián】 correlation; relatedness; relevance
▸ 超过【chāoguò】 to exceed; to surpass
▸ 负荷【fùhè】 load; burden
▸ 拯救【zhěngjiù】 to save; to rescue
▸ 人类【rénlèi】 mankind; the human race
▸ 高龄化【gāolínghuà】 aging (of society)
▸ 抚养【fǔyǎng】 to raise; to bring up

影音体验 Audio-Visual Experience

Watch the video segment below and see what additional details and viewpoints you can glean. Is the incident being viewed from a different perspective? Is it being described using a different set of vocabulary?

LINK:<https://www.youtube.com/watch?v=0hEosLYwwSM>

5.2 Elderly Face Rental Discrimination

阅读前导 Pre-reading

What vocabulary items would you need to successfully engage in a discussion of discrimination in housing rental? How are these lexical items associated with each other? Are the associations the same in Chinese as they are in English? Brainstorm!

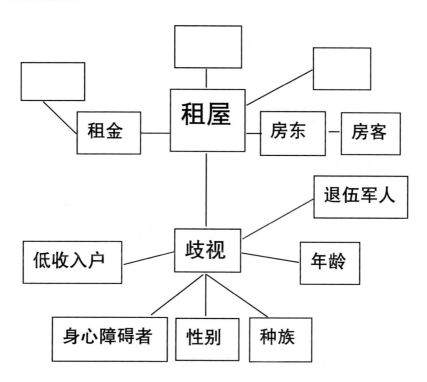

主题探索 Topic Exploration

Use the vocabulary you have compiled to answer, to the best of your ability, the following questions.

1. 你认为房东有没有权利按年龄选择自己喜欢的租客？
2. 你如果在外租房子，你愿意和高龄老人做室友吗？

联合报 2012.02.29

单身老人租屋饱受歧视

【记者何醒邦、赖昭颖／台北报导】「伯伯你几岁？」、「如果没有人跟你一起住，我不要租给你啦！」独居老人租屋好难，房东视之为「麻烦房客」，租房业者也「不欢迎」，单身老人租房子饱受「年龄歧视」，甚至有钱还租不到，成了另类「人球」。

崔妈妈基金会执行长吕秉怡说，独居老人是目前租屋市场最难租屋的一群人。有位八十多岁的老伯伯，是领有终身俸的退伍军人，生活不虞匮乏，但房东一听到是八十岁独居老人要租房，连忙借故拒绝，即使加钱也不愿意。

老伯伯索性将一头稀疏白发染黑，才租到房子。不过，有些老人家老态龙钟、病痛缠身，就算染发也租不到房子。

根据崔妈妈基金会统计，九成房东不愿租房子给老人、低收入户、身心障碍者或单亲家庭等弱势无壳蜗牛族；即使愿意租，房东对独居老人和精神障碍者的接受度最低，比率低于一成，相较于身心障碍者与单亲家庭者，接受度都还有四成以上。

租屋业者说，虽然租屋条件多不会明写，但房东不想租房子给单身老人，几乎是不成文的普遍现象，敬谢不敏的原因，不外乎经济能力与健康条件。

房东除了担心这些单身老人支付租金的经济能力，更烦恼这些老人若有什么病痛意外，或在租屋处往生，不知要找谁来帮忙处理，以后再出租也很麻烦。「租给老人与年轻人，若租金一样，风险却不同，你会想租给谁？」

不过，也有专门租给单身老人的「老人公寓」，号称「民间版的社会住宅」。例如台北市万华区有整批租给独居老人的公寓，只是设备较简陋、且多数没有电梯，实在不算是个「家」。

吕秉怡指出，租屋市场充斥着对弱势者的歧视，因此需要只租不售的社会住宅，后续并辅以社福单位的介入与管理，才能解决弱势住居的基本需求。

关键词汇 Vocabulary

HEADLINE

单身	dānshēn	A	single (not married)
租屋	zūwū	V	to rent an apartment or house
饱受歧视	bǎoshòu qíshì	V	to face rampant discrimination

PARAGRAPH 1

伯伯	bóbo	N	uncle
独居老人	dújū lǎorén	NP	senior citizen living alone
房东	fángdōng	N	landlord
视之为	shìzhīwéi	V	to view as
麻烦	máfan	A	troublesome; nuisance
房客	fángkè	N	tenant; renter
租房业者	zūfáng yèzhě	NP	rental industry professionals; rental agents
年龄歧视	niánlíng qíshì	NP	age discrimination
甚至	shènzhì	Adv	to go so far as to
另类	lìnglèi	A	alternative; non-traditional
人球	rénqiú	N	human flotsam

PARAGRAPH 2

崔妈妈基金会	Cuīmāma Jījīnhuì	N	Tsuei Mama Foundation for Housing and Community Service
执行长	zhíxíngzhǎng	N	chief executive
租屋市场	zūwū shìchǎng	NP	housing rental market
领	lǐng	V	to receive
终身俸	zhōngshēnfèng	N	lifelong pension
退伍军人	tuìwǔ jūnrén	N	military veteran
不虞匮乏	bùyúkuìfá	V	to want for nothing; to have everything one needs
连忙	liánmáng	Adv	in a hurry; in a scramble
借故	jiègù	Adv	to find an excuse to

149

拒绝	jùjué	V	to refuse; to reject
即使	jíshǐ	Conj	even if
加钱	jiāqián	V	to pay extra

PARAGRAPH 3

索性	suǒxìng	Adv	might as well
稀疏白发	xīshū báifà	NP	thinning white hair
老态龙钟	lǎotàilóngzhōng	A	old and decrepit
病痛缠身	bìngtòngchánshēn	V	to be plagued with disease

PARAGRAPH 4

统计	tǒngjì	V	to gather statistics
九成	jiǔchéng	N	90 percent
低收入户	dīshōurùhù	N	low income household(s)
身心障碍者	shēnxīnzhàng'àizhě	N	physically and mentally disabled
单亲家庭	dānqīn jiātíng	N	single-parent household(s)
弱势	ruòshì	A	disadvantaged; minority
无壳蜗牛族	(CN) wúkéwōniúzú; (TW) wúké guā'niúzú	N	"snails without shells" – term used to describe people who cannot afford to buy homes
精神障碍者	jīngshénzhàng'àizhě	N	the mentally ill
接受度	jiēshòudù	N	rate of acceptance
相较于	xiàngjiàoyú	V	compared with

PARAGRAPH 5

租屋条件	zūwū tiáojiàn	NP	conditions of rental
明写	míngxiě	V	to give explicitly in writing
不成文	bùchéngwén	A	implicit; unwritten
普遍	pǔbiàn	A	widespread
现象	xiànxiàng	N	phenomenon
敬谢不敏	jìngxièbùmǐn	V	to say "thanks, but no thanks"
不外乎	búwàihū	V	to be none other than

| 经济能力 | jīngjì nénglì | NP | solvency; economic ability |
| 健康条件 | jiànkāng tiáojiàn | NP | state of health |

PARAGRAPH 6

支付	zhīfù	V	to pay
租金	zūjīn	N	rent
烦恼	fánnǎo	V	to worry
病痛	bìngtòng	N	illness; sickness
意外	yìwài	N	accident
租屋处	zūwūchù	N	place of rental; rented premise
往生	wǎngshēng	V	(euphemism) to pass away; to die
处理	chǔlǐ	V	to deal with; to take care of
风险	fēngxiǎn	N	risk

PARAGRAPH 7

专门	zhuānmén	Adv	specially
老人公寓	lǎorén gōngyù	N	senior apartment
号称	hàochēng	A	so-called; self-proclaimed
民间版	mínjiānbǎn	A	commercial version (non-governmental version)
社会住宅	shèhuì zhùzhái	N	social housing; government subsidized housing
万华区	Wànhuáqū	N	Wanhua district (of Taipei)
整批	zhěngpī	Adv	in an entire batch
公寓	gōngyù	N	apartment
设备	shèbèi	N	facilities
简陋	jiǎnlòu	A	simple and run-down
多数	duōshù	Adv	mostly
电梯	diàntī	N	elevator
实在	shízài	Adv	really; truly

Paragraph 8

充斥	chōngchì	V	to be full to; to teem with
售	shòu	V	to sell
后续	hòuxù	Adv	subsequently
辅以	fǔyǐ	V	to supplement with
社福单位	shèfú dānwèi	N	welfare department(s)
介入	jièrù	V	to step in; to play a role in
管理	guǎnlǐ	V	to manage
解决	jiějué	V	to solve; to resolve
基本需求	jīběn xūqiú	NP	basic needs

Image courtesy of **Nicolas Alejandro** on Flickr.
(https://www.flickr.com/photos/nalejandro/9585717977)

句型练习 Sentence Patterns

Study the following expressions in context, then use the given samples as a template to compose your own sentences.

1. 饱受 (V) *bǎoshòu*; "to be subject to much..."; "to receive a lot of..."
   a. 单身老人租房子饱受「年龄歧视」，甚至有钱还租不到，成了另类「人球」。
   b. 在非洲的儿童天天饱受饥饿的困扰。
   c. 疾病缠身的她，饱受病痛的折磨。

2. 索性 (ADV) *suǒxìng*; "on a whim decide to"; "to figure one might as well"
   a. 老伯伯索性将一头稀疏白发染黑，才租到房子。
   b. 等了差不多半小时巴士还没有来，他索性用走的。
   c. 学成归来的「海归」对就业期望过高，过于挑剔，最后索性不就业。

3. 连忙 (ADV) *liánmáng*; "to be in a hurry to"; "in a hurried manner"
   a. 房东一听到是八十岁独居老人要租房，连忙借故拒绝，「即使加钱也不愿意」。
   b. 一位老人上了巴士，年轻的乘客连忙让座给这位老人。
   c. 贵州农民潘华兵眼见六岁女儿将被砍刀触及，连忙伸手拉开女儿，自己却中刀倒地。

4. 就算…也… (VP) *jiùsuàn…yě...*; "even if... still..."
   a. 有些老人家老态龙钟、病痛缠身，就算染发也租不到房子。
   b. 这款限量皮包很珍贵，就算有钱也未必买得到。
   c. 在美国，就算你没有钱，医生也都会先救人，不像中国，要有钱医院才会帮你。

5. 即使…也… (VP) *jíshǐ…yě…*; "even if... still..."
   a. 房东一听到是八十岁独居老人要租房，连忙借故拒绝，「即使加钱也不愿意」。
   b. 香奈儿是国际名牌，它的产品即使再贵很多人也愿意花钱买。
   c. 即使是高学历的求职者，由于对国内的工作环境不熟悉，因此求职时也容易碰壁。

6. 相较于 (ADV) *xiāngjiàoyú*; "compared with..."; "relative to..."
   a. 房东对独居老人和精神障碍者的接受度最低，比率低于一成，相较于身心障碍者与单亲家庭者，接受度都还有四成以上。
   b. 相较于纽约，旧金山的冬天还是比较暖和的。
   c. 相较于租 DVD，年轻一代的消费者更喜欢上网看电影。

重点理解 Reading Comprehension

依据课文内容回答下列问题：

1. 在台湾，不愿意将房屋租给身心障碍者或单亲家庭的房东占多大比例？不愿意将房屋租给独居老人的房东占多大比例？

2. 台湾房东为何不愿将房子租给独居老人？房东们有哪些顾虑？

3. 崔妈妈基金会执行长吕秉怡建议，如何才能保障独居老人有屋可住？

深度思考 Points to Ponder

广泛搜集资料佐证自身观点:

1. 中国人怕鬼，怕老人死在租屋中而使得房屋没人敢住，连带使得房产变成「凶宅」，造成房价大跌。房东有此考虑，你认为合理吗？

2. 西方人对于「凶宅」有何看法？是否会因为屋子里死过人而较不愿意租，或较不愿意买？法律对于「凶宅」的出售有没有任何相关规定？

3. 在你所居住的国家，房东是否有权利依据租客的年龄、性别或种族选择是否将房子租给他们？

Notes

▸ 鬼 【guǐ】 ghost; spirit of the deceased
▸ 连带 【liándài】 as a result of which
▸ 凶宅 【xiōngzhái】 haunted house
▸ 此 【cǐ】 <formal> this (=这)
▸ 考虑 【kǎolǜ】 consideration
▸ 相关 【xiāngguān】 related; relevant
▸ 规定 【guīdìng】 rule; regulation
▸ 权利 【quánlì】 right(s)
▸ 依据 【yījù】 according to

影音体验 Audio-Visual Experience

Watch the video segment below and see what additional details and viewpoints you can glean. Is the incident being viewed from a different perspective? Is it being described using a different set of vocabulary?

LINK: <https://www.youtube.com/watch?v=JsXCWN0h160>

5.3 Black Hair — A Thing of the Past?

阅读前导 Pre-reading

What vocabulary items would you need to successfully engage in a discussion of hair color and hairstyles? How are these lexical items associated with each other? Are the associations the same in Chinese as they are in English? Brainstorm!

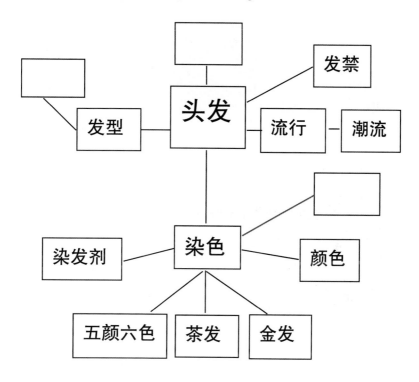

主题探索 Topic Exploration

Use the vocabulary you have compiled to answer, to the best of your ability, the following questions.

1. 你染过头发吗？你喜欢把头发染成什么颜色？为什么？
2. 你认为学校（如小学、中学）有没有权利禁止学生染发？为什么？

Image courtesy of **Kanegan** on Flickr.
(https://www.flickr.com/photos/kanegen/2931852472)

联合报   2004.01.11

日本年轻人 黑发快绝迹

【编译王丽娟】 据伦敦《泰晤士报》网站十日报导，还留黑发的日本年轻人已几乎绝迹。一项调查两千人所得的数据显示：日本三分之二女性染发，是六年前的两倍多。年近卅的女性四分之三有染发习惯，同年龄男性也有三分之一习惯染发。这搞得学校、职场、军方因此规定不准染发。

一如大多数日本年轻人，裕相生每逢周末就到东京涩谷购物区闲晃，他穿着松垮垮的裤子，露出五公分内裤，下唇穿了唇环，还抽路易威登名牌烟。

相生染了金发，而且是近乎白色的那种色调，他以发雕让头发抗拒地心引力，一根根竖起，胸前垂着两根细长的发辫。和相生一起坐在咖啡店内的好友之前则是一头红发，这个月变发时，选了较「正常」的颜色。仔细观察，出入咖啡店、精品店、百货公司的日本年轻人全是「茶发」族，头发五颜六色，独缺黑色。

相生说：「有人想留黑发，我不反对，只是现在看不到那些人了。」

日本人称喜欢染发的人为「茶发」族。老一辈的人，有些航空公司和棒球队、学校仍严禁染发，东京西足立高中说，自从对染发下禁令后，校园恶霸、暴力、窃盗情事减少许多。

相生因学校禁止染发而于一年前辍学，找工作时也因发色太怪异连连碰钉子，后来他找到一份不需和人面对面互动的工作：电话行销。

不过，因染发普遍，也有职场因此修正规定，两年前东京帝国饭店即开始准许女职员染发。日本自卫队也在去年对预备役军人染发「开禁」，激起全职军人公愤，要求也能成为「茶发」族。

日本年轻人文化的许多领域，已逐渐脱离由西方模特儿引领风骚的模式。日本「茶发」族盛行一时，主要来自崇拜偶像，许多年轻人是歌手滨崎步或足球明星中田英寿的翻版。

问年轻人为何爱「茶发」？答案不外「比较好玩」，「黑色头发太沉重」，没有一人说是「想看起来像老外」。

关键词汇 Vocabulary

HEADLINE

绝迹	(CN) juéjì; (TW) juéjī	V	to become extinct; to become obsolete

PARAGRAPH 1

伦敦	Lúndūn	N	London
泰晤士报	Tàiwùshìbào	N	*The (London) Times*
几乎	jīhū	Adv	almost
数据	shùjù	N	data; figures
显示	xiǎnshì	V	to show; to indicate
三分之二	sānfēnzhǐ'èr	N	two-thirds

染发	(CN) rǎnfà; (TW) rǎnfǎ	V	to dye their hair; to color their hair
两倍多	liǎngbèiduō	N	more than twice the number
年近	niánjìn	Adv	in recent years
四分之三	sìfēnzhīsān	N	three fourths
习惯	xíguàn	N	habit
职场	zhíchǎng	N	the workplace
军方	jūnfāng	N	the military
规定	guīdìng	V	to require; to mandate
不准	bùzhǔn	V	to prohibit; to ban

PARAGRAPH 2

一如	yìrú	P	just like
大多数	dàduōshù	A	the majority of
每逢	měiféng	Det	every; each
东京	dōngjīng	N	Tokyo
涩谷	sègǔ	N	Shibuya
购物区	gòuwùqū	NP	shopping district; shopping area
闲晃	xiánhuàng	V	to wander around
穿着	chuānzhe	V	to wear; to dress in
松垮垮	sòngkuǎkuǎ	A	loose; baggy
裤子	kùzi	N	pants; trousers
露出	lùchū	V	to expose; to show
公分	gōngfēn	N	centimeter
内裤	nèikù	N	underwear; underpants
下唇	xiàchún	N	lower lip
唇环	chúnhuán	N	lip ring
抽烟	chōuyān	V	to smoke
路易威登	Lùyì Wēidēng	N	Louis Vuitton

PARAGRAPH 3

名牌	míngpái	N	brand name; designer
近乎	jìnhū	P	close to; similar to
色调	sèdiào	N	color scheme
发雕	(CN) fàdiāo; (TW) fǎdiāo	N	hair sculpture
抗拒	kàngjù	V	to resist; to defy

地心引力	dìxīn yǐnlì	N	gravity
竖起	shùqǐ	V	to stand on end; to stand up
胸前	xiōngqián	N	on one's chest
垂	chuí	V	to hang
发辫	(CN) fàbiàn; (TW) fǎbiàn	N	braid(s)
正常	zhèngcháng	A	normal
仔细	zǐxì	Adv	carefully
观察	guānchá	V	to observe
出入	chūrù	V	to frequent; to often visit
精品店	jīngpǐndiàn	N	boutique(s)
百货公司	bǎihuò gōngsī	N	department store(s)
茶发族	(CN) cháfàzú; (TW) cháfǎzú	N	"tea-hair tribe", i.e., those with colored hair
五颜六色	wǔyánliùsè	A	colorful; to be in a wide array of colors
独缺	dúquē	V	to lack

PARAGRAPH 5

称	chēng	V	to call; to refer to
老一辈	lǎoyíbèi	A	older generation
航空公司	hángkōng gōngsī	N	airline(s)
棒球队	bàngqiúduì	N	baseball team(s)
严禁	yánjìn	V	to strictly prohibit; to ban
西足立高中	Xīzúlì Gāozhōng	NP	Adachi Nishi High School (Tokyo)
自从	zìcóng	P	ever since
下禁令	xiàjìnlìng	VP	to issue a ban
恶霸	èbà	N	bullying
暴力	bàolì	N	violence
窃盗	qièdào	N	theft

PARAGRAPH 6

辍学	chuòxué	V	to drop out of school
怪异	guàiyì	A	strange; weird
连连	liánlián	Adv	time and again; over and over

碰钉子	pèngdīngzi	V	to be rejected
面对面	miànduìmiàn	Adv	face-to-face
互动	hùdòng	V	to interact
电话行销	diànhuà xíngxiāo	N	telemarketing

PARAGRAPH 7

修正	xiūzhèng	V	to revise; to alter
规定	guīdìng	N	rules; regulations
东京帝国饭店	Dōngjīng Dìguó Fàndiàn		Imperial Hotel, Tokyo
即	jí	Adv	case in point
准许	zhǔnxǔ	V	to allow
日本自卫队	Rìběn Zìwèiduì	N	Japan Self-Defense Force
预备役军人	yùbèiyì jūnrén	N	member of the Army Reserve Forces
开禁	kāijìn	V	to lift the ban
激起	jīqǐ	V	to spark; to provoke
全职军人	quánzhí jūnrén	V	professional soldiers
公愤	gōngfèn	N	public outrage
要求	yāoqiú	V	to demand

PARAGRAPH 8

领域	lǐngyù	N	field; area; scope
逐渐	zhújiàn	Adv	gradually; slowly
脱离	tuōlí	V	to break away from
西方	xīfāng	N	the West
模特儿	mótè'ér	N	fashion model
引领风骚	yǐnlǐng fēngsāo	V	to lead the way; to set the trend
模式	móshì	N	mode
盛行一时	shèngxíngyìshí	V	to be in the vogue; to be in fashion
崇拜	chóngbài	V	to worship; to idolize
偶像	ǒuxiàng	N	idol; celebrity
歌手	gēshǒu	N	singer; pop star
滨崎步	Bīnqí Bù	N	Ayumi Hamasaki (singer)
明星	míngxīng	N	celebrity

中田英寿	Zhōngtián Yīngshòu	N	Hidetoshi Nakata (soccer player)
翻版	fānbǎn	N	spitting image; replica

PARAGRAPH 9

不外	búwài	V	to be none other than
沉重	chénzhòng	A	heavy
老外	lǎowài	N	foreigner (Westerner)

句型练习 Sentence Patterns

Study the following expressions in context, then use the given samples as a template to compose your own sentences.

1. 几乎 (ADV) *jīhū*; "almost"; "just about"
   a. 据伦敦《泰晤士报》网站十日报导，还留黑发的日本年轻人已几乎绝迹。
   b. 当妹妹得知没有申请到理想中的大学，她几乎哭了。
   c. 这几年北京的变化太大， 让人几乎认不出来了。

2. 一如···(P) *yìrú*…; "just like..."
   a. 一如大多数日本年轻人，裕相生每逢周末就到东京涩谷购物区闲晃，他穿着松垮垮的裤子，露出五公分内裤，下唇穿了唇环，还抽路易威登名牌烟。
   b. 一如专家预测，今年的流行感冒比去年严重。
   c. 一如往常，他独自一人前往赴宴。

3. 每逢 (CONJ) *měiféng*; "whenever it is"; "on the occasion of"
   a. 一如大多数日本年轻人，裕相生每逢周末就到东京涩谷购物区闲晃。
   b. 每逢学生在学习上遇到困难， 老师总是耐心指导。
   c. 这个城市每逢每月的第一个周一，都会优惠市民免费参观动物园及博物馆。

4. 碰钉子 (V) *pèng dīngzi*; (literally "to bump one's head against a nail") to be snubbed"; "to have one's offer turned down"

    a. 他因学校禁止染发而于一年前辍学，找工作时也因发色太怪异连连碰钉子。

    b. 他想跟银行借贷买房，但是因为信用记录不好，因而处处碰钉子。

    c. 没有实力的人，找工作时一定会四处碰钉子。

5. 不外（乎）(V) *búwài(hū)*; "to be none other than"

    a. 问年轻人为何爱「茶发」？答案不外「比较好玩」，「黑色头发太沉重」。

    b. 麦当劳快餐店的食物不外乎就是汉堡、薯条和汽水。

    c. 房东不想租房子给单身老人的原因，不外乎经济能力与健康条件。

重点理解 Reading Comprehension

依据课文内容回答下列问题：

1. 日本年轻人染发的比例约有多少？

2. 何谓「茶发族」？他们喜欢染发的原因是什么？他们崇拜西方人吗？

3. 日本有哪些公司和公家机构禁止染发？原因是什么？效果如何？

深度思考 Points to Ponder

广泛搜集资料佐证自身观点：

1. 老一辈的中国人相信「身体发肤受之父母」，因此不该随意伤害或改变自己的天生体质，其中包括头发的颜色在内。也就是说，把头发染成别的颜色，便是「不孝」。你同意这种观点吗？

2. 「身体发肤受之父母，不敢毁伤，孝之始也。」这句话出自中国古代哪一个学派的哪一本重要经典？

3. 中国年轻人当中，把头发染成浅色的也不少。你认为他们是因为崇拜西方文化，想模仿西方人才这么做的吗？问问你周边染过发的中国年轻人，他们染发的原因是什么？

Notes

▸ 随意 【suíyì】 at will; as one pleases

▸ 伤害 【shānghài】 to injure; to harm; to hurt

▸ 天生 【tiānshēng】 inborn; innate

▸ 体质 【CN: tǐzhì; TW: tǐzhí】 physique; constitution

▸ 包括…在内 【bāokuò…zàinèi】 including…

▸ 也就是说 【yějiùshìshuō】 that is to say; in other words; namely

▸ 不孝 【búxiào】 not in accordance with filial piety; disrespectful to parents

▸ 身体发肤受之父母，不敢毁伤，孝之始也【shēntǐ fàfū shòuzhī fùmǔ bùgǎn huǐshāng xiàozhī shǐyě】 "Our bodies—to every hair and bit of skin—are received by us from our parents, and we must not presume to injure or wound them. This is the beginning of filial piety." (From the *Classic of Filial Piety*)

▸ 古代 【gǔdài】 antiquity; ancient times

▸ 学派 【xuépài】 school of thought

▸ 经典 【jīngdiǎn】 (literary) classic

▸ 浅色 【qiǎnsè】 light colored

▸ 崇拜 【chóngbài】 to worship

▸ 周边 【zhōubiān】 immediate surroundings

6 影视体育

Photography by **Chia-sheng Wu**, Central News Agency.

6.1 Celebrity Wedding

阅读前导 Pre-reading

What vocabulary items would you need to successfully engage in a discussion of celebrity weddings? How are these lexical items associated with each other? Are the associations the same in Chinese as they are in English? Brainstorm!

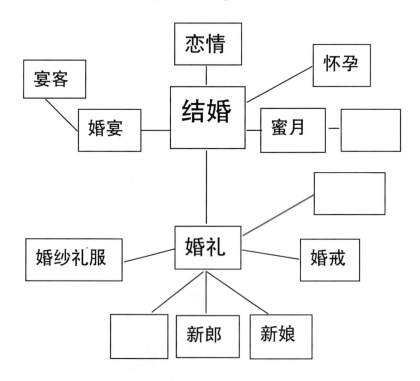

主题探索 Topic Exploration

Use the vocabulary you have compiled to answer, to the best of your ability, the following questions.

1. 传统认为男女交往时，男方年龄应该比女方稍大。你赞同吗？
2. 有没有哪一位明星是你的梦中情人？你喜欢他（她）的哪一点？

Photography by **Chia-sheng Wu**, Central News Agency.

苹果日报	2014.06.06

赵又廷北京登记 高圆圆没婚戒也嫁

【陈意佳／综合报导】29 岁的赵又廷（马克）与 34 岁高圆圆结婚了！这段相差 5 岁的姐弟恋，双方交往 2 年半，昨傍晚在北京领证登记结婚。他俩因合作电影《搜索》结缘，之后一路爱得高调，先前赵爸赵树海爆料「又圆恋」最快今年修成正果，昨马克透过经纪人承认婚讯，喜孜孜说：「今天是开心又幸福的一天。」小两口没准备婚戒，且因马克户籍在台湾，两人将再择期回台办手续。

赵又廷昨午还在北京出席 New Balance 活动，一结束便马不停蹄直奔北京民政局和高圆圆办结婚登记，小两口在工作人员陪同下快速完成领证手续，走秘密通道离开，仍被眼尖民众认出。

撇孕 两岸请喝喜酒

他昨透过经纪人许维琪表示：「是的，又圆今天在北京领证了！至于宴客的时间真的还没有确定，双方都有满档的工作，还在讨论安排中，有确定的时间点会再告知大家。又圆再次谢谢大家的关心与祝福，今天是开心又幸福的一天。」因只是领证，所以双方未戴婚戒，也将补办台湾结婚手续，台湾、中国都会办婚宴，同时也否认怀孕传闻。

又圆恋 2011 年因陈凯歌电影《搜索》萌芽，隔年三月底两人同住酒店 5 天、穿情侣装被拍而恋情曝光，不久后赵又廷发表认爱宣言：「圆圆是一个很好的女人，我很珍惜她，也请大家尽量保护她，不要伤害她。」之后两人在公众场合喇舌、搂抱是家常便饭，他曾说是为爱得舒服才公开恋情。

两年半来，又圆屡传婚讯与怀孕消息，但双方都否认。直到今年五月，赵树海在台录影，松口家里最快今年有喜事，还夸准儿媳家教好、个性好、很懂事。赵树海昨不接电话只回简讯说：「谢谢关心，一切由他们自己做主，我就做个现成的主婚人。」上月有网友在法国巴黎圣心大教堂巧遇赵又廷、高圆圆拍婚纱，日前就曾传二人本月领证，果然成真。

旧爱 张钧宁恭喜

又圆认爱两年多来事业不受影响，人气更直线上升，连赵又廷都自封是演艺圈的认爱始祖，他一直将高圆圆视为生命中另一半，还一心想在 30 岁前结婚，如今赶在九月生日前终结单身，心愿顺利达成。昨婚讯曝光后，粉丝一片叫好，也有不少人催着想看「小又圆」。赵又廷旧爱张钧宁昨在中国拍戏，得知婚讯，大方说：「恭喜！希望每个人都可以找到自己的幸福。」

关键词汇 Vocabulary

赵又廷	Zhào Yòutíng	N	Mark Chao (Taiwanese actor)
登记	dēngjì	V	to register
高圆圆	Gāo Yuányuán	N	Gao Yuanyuan (Chinese actress)

婚戒	hūnjiè	N	wedding ring
嫁	jià	V	(for a woman to) get married

Paragraph 1

姐弟恋	jiědìliàn	N	romantic relationship in which the woman is older than the man
交往	jiāowǎng	V	to go out with; to be in a relationship with
领证	lǐngzhèng	V	to pick up a (marriage) license
结婚	jiéhūn	V	to get married
合作	hézuò	V	to collaborate
搜索	sōusuǒ	V	to search
结缘	jiéyuán	V	to come together; to get to know each other
高调	gāodiào	Adv	with a lot of public attention
赵树海	Zhào Shùhǎi	N	Allen Chao (Taiwanese actor)
爆料	bàoliào	V	to break the news
又圆恋	Yòuyuánliàn	N	the romance of "You" (= Mark You-ting Chao) and "Yuan" (= Gao Yuanyuan)
修成正果	xiūchéng zhèngguǒ	VP	<Buddhist term> to achieve enlightenment – here used as a metaphor for marriage
经纪人	jīngjìrén	N	agent
承认	chéngrèn	V	to admit
婚讯	hūnxùn	N	news of the marriage
喜孜孜	xǐzīzī	Adv	to be full of joy
幸福	xìngfú	A	blissful
户籍	hùjí	N	residency; resident status
择期	(CN) zéqī; (TW) zéqí	V	to select a date to
办手续	bàn shǒuxù	VP	to complete the paperwork

PARAGRAPH 2

出席	chūxí	V	to be present at; to appear at
活动	huódòng	N	event; function
马不停蹄	mǎbùtíngtí	Adv	nonstop; without rest
直奔	zhíbèn	V	to head straight for
北京民政局	Běijīng Mínzhèngjú	N	Beijing Civil Affairs Bureau
小两口	xiǎoliǎngkǒu	N	young couple
工作人员	gōngzuòrényuán	N	personnel
陪同	péitóng	V	to accompany
快速	kuàisù	Adv	quickly; rapidly
秘密	mìmì	A	secret
通道	tōngdào	N	passage; tunnel
眼尖	yǎnjiān	A	sharp-eyed
民众	mínzhòng	N	ordinary citizen; general public
认出	rènchū	V	to recognize

PARAGRAPH 3

撇孕	piěyùn	V	to deny rumors of pregnancy
两岸	liǎng'àn	N	mainland China and Taiwan (literally "the two shores")
喝喜酒	hēxǐjiǔ	VP	to attend a wedding banquet
透过	tòuguò	P	through
至于	zhìyú	Conj	as for; as to
宴客	yànkè	V	to invite guests to a banquet
满档	(CN) mǎndàng; (TW) mǎndǎng	V	to have a full schedule
告知	gàozhī	V	to inform; to tell
补办	bǔbàn	V	to hold (an expected event) at a later date
否认	fǒurèn	V	to deny
怀孕	huáiyùn	V	to be pregnant
传闻	chuánwén	N	rumor

Paragraph 4

陈凯歌	Chén Kǎigē	N	Chen Kaige (Chinese film director)
萌芽	méngyá	V	to take root; to grow
隔年	génián	Adv	the following year
月底	yuèdǐ	Adv	at the end of the month
酒店	jiǔdiàn	N	hotel
情侣装	qínglǚzhuāng	N	matching outfits (literally "lovers' outfits")
恋情	liànqíng	N	romance
曝光	pùguāng	V	to be exposed; to be made public
发表	fābiǎo	V	to make a public statement
认爱宣言	rèn'ài xuānyán	N	statement acknowledging a relationship
珍惜	(CN) zhēnxī; (TW) zhēnxí	V	to cherish
尽量	jǐnliàng	Adv	to do one's best to; as much as possible
保护	bǎohù	V	to protect
伤害	shānghài	V	to hurt; to harm
公众场合	gōngzhòng chǎnghé	N	public place(s); public setting(s)
喇舌	lǎshé	V	to French kiss
搂抱	lǒubào	V	to hug; to embrace
家常便饭	jiāchángbiànfàn	V	to be nothing out of the ordinary; to be commonplace
公开	gōngkāi	Adv	publicly

Paragraph 5

屡传	lǚchuán	V	to be rumored many times
松口	sōngkǒu	V	to no longer keep secret
夸	kuā	V	to praise
准儿媳	zhǔn érxí	N	daughter-in-law-to-be
家教	jiājiào	N	family upbringing

个性	gèxìng	N	personality
懂事	dǒngshì	A	mature; thoughtful; sensible
简讯	jiǎnxùn	N	text message
一切	yíqiè	N	all; everything
由…做主	yóu…zuòzhǔ	V	to be decided by…
现成	xiànchéng	A	ready-made; available
主婚人	zhǔhūnrén	N	wedding officiant
巴黎	Bālí	N	Paris
圣心大教堂	Shèngxīn Dàjiāotáng	N	Sacré-Cœur Basilica (Basilica of the Sacred Heart), Paris
巧遇	qiǎoyù	V	to encounter by chance
拍婚纱	pāi hūnshā	VP	to go on a wedding photo shoot
果然	guǒrán	Adv	as expected
成真	chéngzhēn	V	to come true

PARAGRAPH 6

旧爱	jiù'ài	N	ex-lover
张钧宁	Zhāng Jūnníng		Janine Chang (Taiwanese actress)
恭喜	gōngxǐ	V	to congratulate
事业	shìyè	N	career
人气	rénqì	N	popularity
直线上升	zhíxiàn shàngshēng	V	to go straight up; to rise to new heights
自封	zìfēng	V	to self-proclaim; to call oneself
演艺圈	yǎnyìquān	N	entertainment circle; world of entertainment
认爱	rèn'ài	V	to admit to a relationship
始祖	shǐzǔ	N	person who sets the first precedent; the first prototype
另一半	lìngyíbàn	N	other half (i.e., romantic partner)
一心	yìxīn	Adv	devotedly; single-mindedly
终结	zhōngjié	V	to terminate; to end

单身	dānshēn	N	bachelorhood; state of being single
心愿	xīnyuàn	N	wish
顺利达成	shùnlì dáchéng	V	to successfully achieve
粉丝	fěnsī	N	fan(s)
一片叫好	yípiànjiàohǎo	V	to cheer
催	cuī	V	to urge; to press

句型练习 Sentence Patterns

Study the following expressions in context, then use the given samples as a template to compose your own sentences.

1. 因…（而）结缘 (VP) *yīn…(ér) jiéyuán*; "to get to know each other through..."; "to come together through..."
    a. 赵又廷与高圆圆因合作电影《搜索》结缘。
    b. 他们俩因工作常常一起出差而结缘。
    c. 这两位政治人物因选举而结缘，结婚成夫妻。

2. 透过 (ADV) *tòuguò*; "through the means of"
    a. 赵又廷昨透过经纪人许维基表示：「是的，又圆今天在北京领证了！至于宴客的时间真的还没有确定，双方都有满档的工作，还在讨论安排中，有确定的时间点会再告知大家。又圆再次谢谢大家的关心与祝福，今天是开心又幸福的一天。」
    b. 昨马克透过经纪人承认婚讯。
    c. 巧巧每周透过网路视讯，与长期在国外工作的父亲通讯。

3. 至于 (CONJ) *zhìyú*; "as for"; "as to"
    a. 又圆决定在台北宴客。至于宴客的时间，真的还没有确定。
    b. 感冒流行期间医生尽心照顾病人，至于自己会不会被传染他们一点都不害怕。
    c. 这场音乐会的门票免费，至于听众如何取得门票，主办单位将在近日宣布。

4. 由…做主 (VP) *yóu…zuòzhǔ*; "will be decided by…"
    a. 赵树海昨不接电话只回简讯说：「谢谢关心，一切由他们自己做主，我就做个现成的主婚人。」
    b. 去哪里吃饭应该由付钱的人做主。
    c. 在民主国家，一切都是由人民做主。

5. 将 (把)…视为 (V) *jiāng (bǎ)…shìwéi*; "to regard…as"
    a. 赵又廷一直将高圆圆视为生命中另一半。
    b. 美国总统欧巴马在 APEC 会议上嚼口香糖，中国网友将他视为不懂礼貌的混混。
    c. 他与中国妻子生下的中非混血儿子，在学校被同学视为非洲人。

重点理解 Reading Comprehension

依据课文内容回答下列问题：

1. 高圆圆与赵又廷是因为共同演出哪一部电影而擦出爱情的火花的?
2. 又、圆两人在什么地方领结婚证? 日后准备在什么地方办理结婚手续? 在什么地方举办婚宴?
3. 传言又、圆两人是「奉子之命」而闪电结婚的。此传言是否属实?

深度思考 Points to Ponder

广泛搜集资料佐证自身观点：

1. 近来演艺界盛行姐弟恋。除了高圆圆与赵又廷之外，还有哪些著名的艺人姐弟恋搭档？好莱坞艺人中也有姐弟恋情侣吗？

2. 赵又廷在初认识高圆圆时，本身已在和女星张钧宁交往。他是否曾经劈腿？

3. 赵又廷的父亲是台湾演艺界早期的哪一位前辈？他曾以什么出名？

Notes

▸ 演艺界 【yǎnyìjiè】 show business; entertainment circles
▸ 盛行 【shèngxíng】 to be popular; to be fashionable
▸ 艺人 【yìrén】 actor; actress; performance artist
▸ 搭档 【dādàng】 pair; pairings
▸ 好莱坞 【hǎoláiwū】 Hollywood
▸ 劈腿 【pītuǐ】 literally "to split one's legs"; <slang> to be unfaithful (in a relationship)
▸ 早期 【CN: zǎoqī; TW: zǎoqí】 in the old days
▸ 前辈 【qiánbèi】 forerunner; older generation
▸ 出名 【chūmíng】 famous; well-known

影音体验 Audio-Visual Experience

Watch the video segment below and see what additional details and viewpoints you can glean. Is the incident being viewed from a different perspective? Is it being described using a different set of vocabulary?

LINK: <https://www.youtube.com/watch?v=EZ0Hwq_U9So>

6.2 Celebrities on Drugs

阅读前导 Pre-reading

What vocabulary items would you need to successfully engage in a discussion of celebrities arrested for drug possession? How are these lexical items associated with each other? Are the associations the same in Chinese as they are in English? Brainstorm!

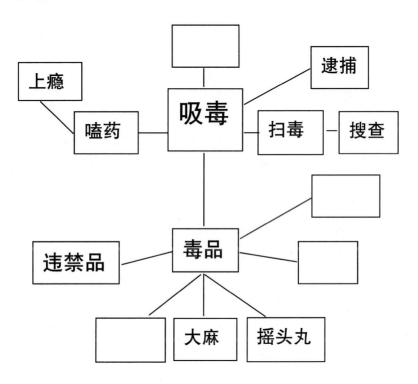

主题探索 Topic Exploration

Use the vocabulary you have compiled to answer, to the best of your ability, the following questions.

1. 你身边有人吸食过毒品吗？吸食哪一种毒品？校内有没有人吸毒？
2. 年轻人吸毒的原因是什么？政府该不该管？

苹果日报   2014.08.20

柯震东吸毒 2 年 房祖名也招吸毒 8 年

【娱乐、政治中心／综合报导】二十三岁台湾男星柯震东和三十一岁的成龙之子房祖名在中国吸毒被抓，震惊两岸演艺圈。昨晚央视播出最新逮捕、自白影片，再爆房祖名已吸毒长达八年，柯震东也坦承已吸毒两年，根本不是初犯！柯震东在自白影片里穿着囚衣，痛哭忏悔「做了最坏示范」，虽是咎由自取，但影片不断重播，成央视扫毒宣传片，遭批不人道，且他被拘留多日，中国未依两岸协议及时通知我方，强势做法罔顾人权。

「房东」吸毒震撼演艺圈，两人本月十四日在北京东城区足疗店被捕，带回警局尿检呈大麻阳性反应，坦承吸毒遭拘留。央视昨播出最新搜查画面，当时房祖名和柯震东显然相当错愕，房祖名被告知尿检结果，竟回「不好意思」。随后警方到房祖名住所搜查，在保险箱发现一百多克大麻。

柯首呼麻就在房家

房祖名当下透露有些大麻已持有两年，「没有买过，很久之前朋友从国外带回来给我」，随后供称从二○○六年开始吸毒，时间长达八年，首次吸毒在荷兰。他说，当初碰大麻，是认为在荷兰吸大麻不犯法，也不会上瘾，却没想到要戒不容易，他后来也独自或和朋友多次在家中吸食大麻，成龙的亿万豪宅等于成了毒窟。

柯震东也坦承第一次吸毒是在二○一二年，地点就在房祖名家，「当初第一次在他（房祖名）家拿出来（大麻），是有点意外，但是因为他的关系，所以我觉得好像没有关系，很愚蠢地认为我只会吸一口，然后就离开」，脸上还挂浅笑，讽刺的是，柯爸爸一直相信儿子是初犯，如今他坦承沾毒两年，再伤一次父母心。

被逮平静像小学生

两人被抓过程相当平静，对警方要求也很配合。北京市公安局禁毒总队副总队长形容，两人就像小学生犯错一样，尤其是房祖名，副总队长说：「他有一定的文化素养，从眼神看来，他比较后悔。」

柯震东昨在自白影片中，换上印有「东拘（东城拘留所）」二字的黄蓝外衣，模样颇狼狈，面对两位员警侦讯，他哽咽说：「我做错事了。」在长达两分二十三秒的影片里，说话断断续续，不断啜泣，他最后边吸鼻涕边痛哭，表示会记取教训，变成更好的人，「我希望我的家人朋友，甚至是喜欢我的人，同样可以张开他们的手，给我一点……拥抱」。

影片强播罔顾人权

由于近来北京厉行扫毒，之前包括李代沫、张默都有录制影片忏悔，柯震东是当红炸子鸡，痛哭认错影片当然是免费宣传，昨不断被放送，但这也让家人、粉丝心碎，认为做法罔顾人权。好友郭采洁说：「他一定吓坏了，也知道自己错了。」舒淇吁媒体不该见猎心喜，任达华、杨佑宁则认为他该面对一切，重新振作。

各国对于吸食、持有大麻的规定不尽相同，以美国加州为例，房祖名持有一百多公克大麻，可能根本不会被判刑或留下前科纪录，荷兰在特定区域更是可以合法吸食。

未依协议通报我方

除了痛哭影片成宣传，外界也质疑柯震东在中国遭拘留多日，中方却未根据两岸相关协议及时通报我方。陆委会发言人吴美红昨说，陆方应及时通报我方主管机关，目前法务部、刑事局已和对岸公安部联系，要求转告中方应该保障当事人的权益，但刑事局目前还没有接到公安部的具体资讯。

「房东」吸大麻遭逮

● 逮捕时间：2014/8/14

● 逮捕地点：北京东城区房祖名足疗店

● 逮捕情况：

◎ 房祖名、柯震东尿检呈大麻阳性反应，2人坦承吸毒

◎ 警方赴房祖名住所搜出100多克大麻，他承认持有大麻1、2年，有「其他类型」毒品

◎ 柯震东穿囚衣拍自白影片，痛哭失声，成宣导反毒

短片
●罪状现况：
　◎柯震东 吸食大麻，被行政拘留 14 天，最快 28 日可释放
　◎房祖名 估计将判 3 年或 4 年徒刑
●外界质疑：一起被抓，但刚开始都只有柯震东名字，房祖名则是「房姓男星」，中央电视台只谈柯不提房；相关侦讯影片，房祖名的马赛克也比柯震东多，被质疑获得厚待

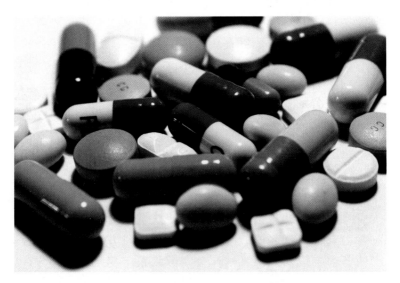

Image courtesy of **e-Magine Art** on Flickr.
(https://www.flickr.com/photos/emagineart/4741451457)

关键词汇 Vocabulary

HEADLINE

柯震东	Kē Zhèndōng	N	Kai Ko (Taiwanese actor/singer)
吸毒	xīdú	V	to take illegal drugs
房祖名	Fáng Zǔmíng	N	Jaycee Chan (Hong Kong singer/actor)
招	zhāo	V	to confess to a crime

PARAGRAPH 1

男星	nánxīng	N	male star
成龙	Chéng Lóng	N	Jackie Chan (Hong Kong actor)
…之子	…zhīzǐ	N	son of…
震惊	zhènjīng	V	to shock; to surprise
央视	Yāngshì	N	China Central Television (CCTV)
播出	bōchū	V	to broadcast
逮捕	dàibǔ	V	to arrest; to take into custody
自白	zìbái	V/N	to confess; confession
影片	yǐngpiàn	N	film; video segment
长达	chángdá	V	to be as long as…
坦承	tǎnchéng	V	to confess; to admit
初犯	chūfàn	N	first offense
囚衣	qiúyī	N	prison uniform; prison jumpsuit
痛哭	tòngkū	V	to sob; to wail
忏悔	chànhuǐ	V	to repent
最坏示范	zuìhuài shìfàn	N	(to set) the worst example
咎由自取	jiùyóuzìqǔ	V	to have no one but oneself to blame
扫毒	sǎodú	V	to crack down on drugs
宣传片	xuānchuánpiàn	N	promotional video
不人道	bùréndào	A	inhumane; in violation of human rights
拘留	jūliú	V	to detain
依	yī	P	according to
两岸协议	liǎng'ànxiéyì	NP	accord reached between mainland China and Taiwan
及时	jíshí	Adv	just in time
通知	tōngzhī	V	to notify
我方	wǒfāng	N	our party; our side; our government (Taiwan)
强势做法	qiángshì zuòfǎ	N	high-handed measure(s)
罔顾人权	wǎnggù rénquán	VP	to show a total disregard for human rights

PARAGRAPH 2

房东	Fáng Dōng	N	pun created out of the surname of Jaycee Chan (房) and the last character of the name of Kai Ko (东) – together, 房东 means "landlord"
东城区	Dōngchéngqū	N	Dongcheng District of Beijing (literally "east city district")
足疗店	zúliáodiàn	N	pedicure salon
警局	jǐngjú	N	police station
尿检	niàojiǎn	N	urine test
呈	chéng	V	to show
大麻	dàmá	N	marijuana
阳性	yángxìng	N	positive (result of drug test)
反应	fǎnyìng	N	reaction; result
搜查	sōuchá	V	to search
画面	huàmiàn	N	image(s)
显然	xiǎnrán	Adv	obviously
错愕	cuò'è	A	shocked; stunned
竟	jìng	Adv	actually; to one's surprise
住所	zhùsuǒ	N	place of residence; home
保险箱	bǎoxiǎnxiāng	N	safe
克	kè	N	gram

PARAGRAPH 3

首次	shǒucì	Adv	for the first time
呼麻	hūmá	V	to smoke marijuana; to smoke weed
透露	tòulù	V	to reveal
供称	gòngchēng	V	to testify
荷兰	Hélán	N	Holland; the Netherlands
上瘾	shàngyǐn	V	to become addicted
戒	jiè	V	to quit; to get off the habit of

独自	dúzì	Adv	alone; by oneself
吸食	xīshí	V	to smoke (drugs)
亿万豪宅	yìwàn háozhái	N	billion dollar mansion
毒窟	dúkū	N	drug lair

PARAGRAPH 4

有点意外	yǒudiǎn yìwài	V	to be a bit surprised
愚蠢	yúchǔn	A	stupid; dumb
挂浅笑	guà qiǎnxiào	V	to show a slight smile
沾毒	zhāndú	V	to take drugs; to be linked with drugs

PARAGRAPH 5

平静	píngjìng	A	calm
配合	pèihé	V	to cooperate
禁毒总队	jìndú zǒngduì	N	drug enforcement team
副总队长	fùzǒngduìzhǎng	N	deputy team leader
犯错	fàncuò	V	to make a mistake
文化素养	wénhuà sùyǎng	N	education; sophistication
眼神	yǎnshén	N	gaze; look in the eyes
后悔	hòuhuǐ	V	to regret

PARAGRAPH 6

东拘	Dōngjū	N	short for 东城拘留所 – Dongcheng Detention Center
黄蓝外衣	huánglán wàiyī	N	blue and yellow prison uniform
模样	múyàng	N	appearance
狼狈	lángbèi	A	awkward; embarrassed
侦讯	zhēnxùn	N	questioning; interrogation
哽咽	gěngyè	V	to sob and choke
断断续续	duànduànxùxù	Adv	in fits and starts
啜泣	chuòqì	V	to sob
吸	xī	V	to inhale; to smoke
鼻涕	bítì	N	nasal discharge; snot
记取教训	jìqǔ jiàoxùn	VP	to learn a lesson

拥抱	(CN) yōngbào; (TW) yǒngbào	V	to embrace; to hug

PARAGRAPH 7

强播	qiángbō	V	to show (on television) regardless of objections
厉行	lìxíng	V	to strictly enforce
李代沫	Lǐ Dàimò	N	Li Daimo (Chinese singer)
张默	Zhāng Mò	N	Zhang Mo (Chinese actor)
当红炸子鸡	dānghóng zhàzǐjī	N	hotshot; superstar
免费	miǎnfèi	A	free of charge
心碎	xīnsuì	V	to be heartbroken
郭采洁	Guō Cǎijié	N	Amber Kuo (Taiwanese singer)
吓坏	xiàhuài	V	to be scared out of one's wits
舒淇	Shū Qí	N	Shu Qi (Taiwanese actress)
吁	yù	V	to urge; to appeal to
媒体	méitǐ	N	the media
见猎心喜	jiànlièxīnxǐ	V	to get excited at the prospect of a big story; to see this misfortune as an opportunity to write gossip
任达华	Rén Dáhuá	N	Simon Yam (Hong Kong actor)
杨佑宁	Yáng Yòuníng	N	Tony Yang (Taiwanese actor)
重新	chóngxīn	Adv	once again; all over again
振作	zhènzuò	V	to pull oneself together

PARAGRAPH 8

持有	chíyǒu	V	to be in possession of
规定	guīdìng	N	regulation(s); rule(s)

不尽相同	bújìnxiāngtóng	V	are not all the same
公克	gōngkè	N	gram
判刑	pànxíng	V	to receive a sentence; to be sentenced
前科	qiánkē	N	prior conviction(s)
纪录	jìlù	N	record
特定区域	tèdìng qūyù	NP	special districts; designated areas
合法	héfǎ	A	legal

PARAGRAPH 9

协议	xiéyì	N	agreement; accord
通报	tōngbào	V	to notify
外界	wàijiè	N	the outside world; the general public
中方	zhōngfāng	N	the Chinese side; mainland China
陆委会	Lùwěihuì	N	Mainland Affairs Council
发言人	fāyánrén	N	spokesperson; spokesman
陆方	lùfāng	N	the mainland side; mainland China
主管机关	zhǔguǎn jīguān	NP	authorities in charge
法务部	fǎwùbù	N	Ministry of Justice
刑事局	xíngshìjú	N	Criminal Investigation Bureau
对岸	duì'àn	N	"the other shore" – refers to mainland China
公安部	gōng'ānbù	N	Ministry of Public Security
联系	liánxì	V	to contact; to get in touch with
转告	zhuǎngào	V	to pass the message; to let know
保障	bǎozhàng	V	to safeguard; to protect
当事人	dāngshìrén	N	person involved in incident
权益	quányì	N	rights
具体	jùtǐ	A	concrete; specific
资讯	zīxùn	N	information

PARAGRAPH 10

类型	lèixíng	N	type; category
罪状	zuìzhuàng	N	crime charged
释放	shìfàng	V	to release
徒刑	túxíng	N	sentence; imprisonment
质疑	(TW) zhíyí; (CN) zhìyí	V	to raise doubts; to suspect
马赛克	mǎsàikè	N	face blurring (to protect the identity of individuals) [transliteration of "mosaic"]
厚待	hòudài	V	to offer preferential treatment

句型练习 Sentence Patterns

Study the following expressions in context, then use the given samples as a template to compose your own sentences.

1. 根本 (ADV) *gēnběn*; "absolutely"; "totally"
   a. 柯震东也坦承已吸毒两年，根本不是初犯。
   b. 以美国加州为例，持有一百多公克大麻，可能根本不会被判刑或留下前科纪录。
   c. 信用卡债虽然只有几千元，但他没工作，根本付不起。
2. 竟 (=竟然) (ADV) *jìng (=jìngrán)*; "actually"; "to one's surprise"; "to go so far as to"
   a. 房祖名被告知尿检结果，竟回「不好意思」。
   b. 一项调查发现，过去几年来，最广受美国人喜欢的礼物竟是各式礼品卡。
   c. 美国五角大楼近期公布的指南中，部分内容竟将记者视作潜在「间谍」，引发争议。

3. 当下 (ADV) *dāngxià*; "at that very moment"
   a. 房祖名当下透露有些大麻已持有两年。
   b. 受害人在被车子撞到时，当下已经失去知觉。
   c. 美国当下最需要对国际事务有远见的领导人。

4. 随后 (ADV) *suíhòu*; "shortly thereafter"

    a. 随后警方到房祖名住所搜查，在保险箱发现一百多克大麻。

    b. 房祖名随后供称从二〇〇六年开始吸毒，时间长达八年，首次吸毒在荷兰。

    c. 余女士随后也被抬上救护车，当时她的生命体征已经很微弱。

5. 当初 (ADV) *dāngchū*; "back then"

    a. 房祖名说，当初碰大麻，是认为在荷兰吸大麻不犯法，也不会上瘾，却没想到要戒不容易。

    b. 柯震东也坦承，「当初第一次在房祖名家见到大麻，是有点意外，但是因为他的关系，所以觉得好像没有关系。」

    c. 林书豪当初对自己是否会被 NBA 的球队选上并没有太大的信心。

重点理解 Reading Comprehension

依据课文内容回答下列问题：

1. 柯震东是在什么情况下首次吸食大麻？
2. 房祖名是如何染上毒瘾的？
3. 柯震东与房祖名两人在中国吸毒被捕，将有可能被判何种徒刑？

深度思考 Points to Ponder

广泛搜集资料佐证自身观点：

1. 柯震东在 2011 年因为演出哪一位台湾导演的哪一部电影的而声名大噪？片中他饰演什么角色？
2. 房祖名的父亲是哪一位香港巨星？曾演过哪些好莱坞电影？
3. 大麻合法化的呼声，屡屡在美国地方选举中成为议题。你赞成让吸食大麻变成合法的吗？

Notes

▸ 声名大噪 【shēngmíngdàzào】 to make a name for oneself; to become hugely famous
▸ 饰演 【shìyǎn】 to play the role of
▸ 角色 【CN: juésè; TW: jiǎosè】 role; part
▸ 巨星 【jùxīng】 <entertainment> superstar
▸ 演 【yǎn】 to play the role of; to star in a performance
▸ 合法化 【héfǎhuà】 to legalize; legalization
▸ 呼声 【hūshēng】 call; petition; appeal
▸ 屡屡 【lǚlǚ】 <formal> time and again; repeatedly

影音体验 Audio-Visual Experience

Watch the video segment below and see what additional details and viewpoints you can glean. Is the incident being viewed from a different perspective? Is it being described using a different set of vocabulary?

LINK: <https://www.youtube.com/watch?v=8bQoi8pjRSE>

6.3 Media Darling Disfigured

阅读前导 Pre-reading

What vocabulary items would you need to successfully engage in a discussion of accidents on the set? How are these lexical items associated with each other? Are the associations the same in Chinese as they are in English? Brainstorm!

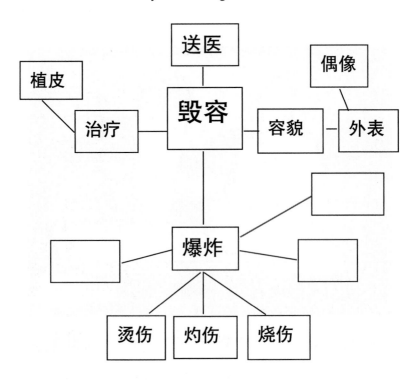

主题探索 Topic Exploration

Use the vocabulary you have compiled to answer, to the best of your ability, the following questions.

1. 你最喜欢的国语流行歌曲是哪一首？是哪一个艺人或团体演唱的？
2. 如果你崇拜的艺人被毁容，面貌不同于过去，你还会继续支持他（她）吗？

今日新闻网 2010.10.23

Selina 上海拍戏灼伤须植皮
最快明返台治疗

【丘俐颖／台北报导】知名偶像团体 S.H.E 成员 Selina 昨天 (22 日) 在上海拍戏意外受伤，背部、四肢都有程度不一的烧烫伤，为了医疗和后续愈后的考量，须进行必要的手术，据了解，家属已联系包机，希望尽快返台治疗。

Selina 昨天下午在上海拍摄湖南卫视戏剧《我和春天有个约会》时，遭爆破特效灼伤，被紧急送往上海瑞金医院救治，初步诊断背部、手、腿有程度不一的烧烫伤，部分达到三级，治疗及愈后所需时间较长，所幸姣好的面容没有受波及，人也没有生命危险。她的父亲「任爸」和未婚夫张承中都赶到上海就近照顾。

Selina 所属华研唱片公司发表声明，她后续需做植皮手术，希望大家一起祝福她早日康复。Selina 此次拍摄湖南卫视戏剧，首次担任女主角，原本计划在明年 4 月结婚前杀青，但发生烧烫伤意外，不但拍戏进度受影响，她的婚期也可能延后。

据了解，Selina 家属已联系医疗包机，目前由两岸医疗团队评估和会诊，以研判她是否适合空中转送。今天如果评估状况许可，预估最快明天(24 日)安排包机搭载，返台后就直接送医。S.H.E 另两位成员 Hebe 和 Ella 在第一时间得知消息后虽然着急，但因为还有通告，只能先完成既定工作。

关键词汇 Vocabulary

HEADLINE

拍戏	pāixì	V	to be in a film shoot
灼伤	zhuóshāng	V	to suffer burns
植皮	zhípí	V	to undergo skin transplantation
返台	fǎntái	V	to return to Taiwan
治疗	zhìliáo	V	to receive medical treatment

PARAGRAPH 1

知名	zhīmíng	A	renowned; famous
偶像团体	ǒuxiàng tuántǐ	N	pop group
成员	chéngyuán	N	member
意外	yìwài	Adv	accidentally; unexpectedly
受伤	shòushāng	V	to get hurt; to get injured
背部	bèibù	N	back
四肢	sìzhī	N	limbs
程度	chéngdù	N	degree; extent
烧烫伤	shāotàngshāng	N	burn; scalding
医疗	yīliáo	V	to receive medical treatment
后续	hòuxù	Adv	subsequently
愈后	yùhòu	A	post-recovery
考量	kǎoliáng	N	consideration
进行	jìnxíng	V	to carry out
必要	bìyào	A	necessary; required
手术	shǒushù	N	surgery; operation
家属	jiāshǔ	N	family member; kin
包机	bāojī	V	to charter a plane

PARAGRAPH 2

拍摄	pāishè	V	to film
湖南卫视	Húnán Wèishì	N	Hunan Television
戏剧	xìjù	N	drama
爆破特效	bàopò tèxiào	NP	explosion special effect

灼伤	zhuóshāng	V	to be burned
紧急	jǐnjí	Adv	as an emergency
上海瑞金医院	Shànghǎi Ruìjīn Yīyuàn		Ruijing Hospital (Shanghai)
救治	jiùzhì	V	to receive treatment
初步	chūbù	Adv	initially
诊断	zhěnduàn	V	to diagnose
部分	bùfèn	N	parts; portions; sections
达到	dádào	V	to reach
三级	sānjí	N	third degree (burn)
所幸	suǒxìng	Adv	fortunately; luckily
姣好	(CN) jiāohǎo; (TW) jiǎohǎo	A	beautiful; attractive
面容	miànróng	N	face; mug
受波及	shòubōjí	V	to be affected
生命危险	(CN) shēngmìng wēixiǎn; (TW) shēngmìng wéixiǎn	N	life-threatening critical condition
未婚夫	wèihūnfū	N	fiance
就近	jiùjìn	Adv	to be nearby (to)

PARAGRAPH 3

所属	suǒshǔ	P	belong to
华研唱片公司	Huáyán Chàngpiàn Gōngsī		HIM International Music Inc.
祝福	zhùfú	V	to wish
早日康复	zǎorìkāngfù	V	to get well soon; to recover soon
首次	shǒucì	Adv	for the first time
担任	dānrèn	V	to serve as; to play the role of
女主角	(TW) nǚzhǔjiǎo; (CN) nǚzhǔjué	N	female protagonist; female lead
杀青	shāqīng	V	to finish filming
进度	jìndù	N	progress
延后	yánhòu	V	to be delayed

Paragraph 4

团队	tuánduì	N	team
评估	pínggū	V	to evaluate; to estimate
会诊	huìzhěn	V	to consult and examine
研判	yánpàn	V	to determine; to judge
空中转送	kōngzhōng zhuǎnsòng	NP	transfer by air
许可	xǔkě	V	to permit
预估	yùgū	V	to estimate
搭载	dāzǎi	V	to carry; to transport
第一时间	dìyī shíjiān	Adv	immediately
着急	(TW) zhāojí; (CN) zháojí	A	worried; anxious
通告	tōnggào	N	appointment (for film shoot)
既定	jìdìng	A	pre-arranged; scheduled

Image courtesy of OoO茶葉OoO on Flickr.
(https://www.flickr.com/photos/mocaca/4467738932)

句型练习 Sentence Patterns

Study the following expressions in context, then use the given samples as a template to compose your own sentences.

1. 为了…的考量 (ADV) *wèile…de kǎoliáng*; "in consideration of..."
   a. 知名偶像团体 S.H.E 成员 Selina 昨天 (22 日) 在上海拍戏意外受伤，背部、四肢都有程度不一的烧烫伤，为了医疗和后续愈后的考量，须进行必要的手术。
   b. 亚洲国家的薪水比较于美国和欧洲低，很多公司为了成本的考量，把很多产品都拿到亚洲去制造。
   c. 为了选举考量，两党总统候选人对此议题的发言都小心翼翼。

2. 据了解 (ADV) *jù liǎojiě*; "according to what is known"; "reportedly"
   a. 据了解，家属已联系包机，希望尽快返台治疗。
   b. 据了解，Selina 家属已联系医疗包机，目前由两岸医疗团队评估和会诊，以分析她是否适合空中转送。
   c. 据了解，余女士一家四口，丈夫潘先生在当地办鞋料厂，他们还有个读初中的大儿子。

3. 所幸 (ADV) *suǒxìng*; "fortunately"; "luckily"
   a. 初步诊断背部、手、腿有程度不一的烧烫伤，部分达到三级，治疗及愈后所需时间较长，所幸姣好的面容没有受波及，人也没有生命危险。
   b. 车祸中车子被撞凹了，所幸没有一个人受伤。
   c. 台风造成数千棵路树被吹倒，所幸没有造成人员伤亡。

4. 是否 (ADV) *shìfǒu*; "whether or not"
   a. 目前由两岸医疗团队评估和会诊，以分析她是否适合空中转送。
   b. 医生在观察判断这位病人是否适合出院回家疗养。
   c. 北京人是否还喜欢北京话，恐怕是决定北京话未来状态的关键因素。

5. 只能 (ADV) *zhǐnéng*; "can only"; "to have no choice but to"
    a. 她们在第一时间得知消息后虽然着急，但因为还有通告，只能先完成既定工作。
    b. 学校知道后肯定会对说话的学生做出处分的，所以学校里的目击者都只能什么也不说。
    c. 有学生因来不及拉起被椅子绊倒的母亲，只能看着母亲遭黑衣人割喉。

重点理解 Reading Comprehension

依据课文内容回答下列问题：

1. 在拍电视剧《我和春天有个约会》时，Selina 是如何被烧伤的？

2. 送医院后发现，Selina 有哪些身体部位被烧伤？伤得严重吗？

3. Selina 出意外后，她的哪些家人与朋友赶到上海陪在她身边？S.H.E.的其他两位成员是否有到上海去探望她？

深度思考 Points to Ponder

广泛搜集资料佐证自身观点：

1. Selena 烧伤后疗养了多久？最终是否恢复原貌？

2. 女子团体 S.H.E. 有哪些成员？三位成员的仪态风格有什么不同？三人共唱出了哪些脍炙人口的歌曲？

3. S.H.E.是台湾最成功的女子歌唱组合。除了台湾之外，香港、日本、韩国也各有人气冲天的女子歌唱团体。当今粉丝最多的亚洲女子团体有哪些？

Notes

▸ 疗养【liáoyǎng】 to recuperate

▸ 原貌【yuánmào】 original appearance (prior to injury)

▸ 团体【tuántǐ】 group; team; troupe

▸ 成员【chéngyuán】 member

▸ 仪态【yítài】 presence; appearance; style

▸ 风格【fēnggé】 style

▸ 脍炙人口【kuàizhìrénkǒu】 to win universal praise; to enjoy great popularity (said of a creative work)

▸ 组合【zǔhé】 group; troupe

▸ 人气冲天【rénqìchōngtiān】 literally "with a reputation soaring to the skies"; to enjoy great popularity

▸ 粉丝【fěnsī】 <informal> fan (of a celebrity)

影音体验 Audio-Visual Experience

Watch the video segment below and see what additional details and viewpoints you can glean. Is the incident being viewed from a different perspective? Is it being described using a different set of vocabulary?

LINK: <https://www.youtube.com/watch?v=2RZEQpEIE84>

6.4 Linsanity

阅读前导 Pre-reading

What vocabulary items would you need to successfully engage in a discussion of professional basketball? How are these lexical items associated with each other? Are the associations the same in Chinese as they are in English? Brainstorm!

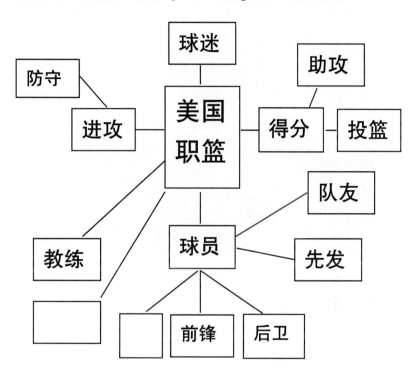

主题探索 Topic Exploration

Use the vocabulary you have compiled to answer, to the best of your ability, the following questions.

1. 你支持哪一支篮球队？最崇拜哪一个篮球明星？为什么？
2. 美国职篮（NBA）目前有哪些中国血统的篮球员？

Image courtesy of **Keith Allison** on Flickr.
(https://www.flickr.com/photos/keithallison/15755827310)

苹果日报   2012.02.12

林来疯 狂飙38分
92：85 打趴小飞侠

【蔡裕隆／综合报导】NBA 台裔球星尼克「哈佛小子」林书豪（Jeremy Lin）的「林来疯」（Linsanity）绝对货真价实！林书豪昨在主场迎战曾拿过 16 次 NBA 总冠军的洛杉矶湖人队，和 NBA 一哥「小飞侠」Kobe Bryant 大对决。结果林书豪狂砍 38 分，再创生涯新高，既掩盖 Kobe 34 分的风采，也带领尼克以 92：85 拉出 4 连胜气势。

数度挺身稳住领先

林书豪昨开赛碰上湖人先发控卫 37 岁老将费雪（Derek Fisher），他大开杀戒，首节即得 10 分，带领尼克向湖人下足马威，取得 22：15 领先。第 2 节续有 8 分进帐，将差距拉至全场最高的 14 分，尼克在打完半场以 49：41 领先。

湖人在下半场试图反扑，不过每当缩小差距，林书豪就跳出来帮球队稳住阵脚，尤其第 4 节结束前 9 分 29 秒，湖人追近至 67：70 仅差 3 分，林书豪再靠得分与助攻，带领尼克拉出一波 14：4 进攻，他在这波攻势得 7 分，让湖人反扑无效。

已成为尼克最夯看板球星与纽约超人气新星的林书豪，球迷到底为他疯狂到什么程度？从尼克主场麦迪逊花园广场爆满 1 万 9763 位球迷，不分肤色，一起疯狂呼喊「Jeremy」与「MVP」的超 high 气氛，就可以看出。

林书豪此役 23 投、13 中与 13 罚、10 中都是生涯新高，38 分则是尼克本季单场最高分。自从 7 日生涯首度先发出战爵士以来，他近 3 场先发共得 89 分，写下 NBA 1976-77 年球季以来，生涯前 3 场先发最高总得分纪录。

林书豪也是本季首位连 4 场得分逾 23 分、助攻逾 7 次、带领球队 4 连胜的球员，并和热火明星前锋 LeBron James 是本季仅有的两名连续 4 场得分逾 20 分、助攻逾 5 次、投篮命中率逾 5 成的球员。

胜利荣耀归功队友

尼克在这波 4 连胜之前 10 战吞下 9 败，战绩濒临在东区垫底，幸赖林书豪带领球队走出困境，追平本季最佳 4 连胜，目前战绩 12 胜 15 败已回稳至分区第 9。

为虔诚基督徒，林书豪并未因全美媒体疯狂聚焦在他身上而得意忘形。赛后他说：「这一切发生在我身上的美事都是上帝的恩典，篮球是 5 人团队运动，如果没有队友和我并肩作战，是无法缔造连胜的。」

关键词汇 Vocabulary

HEADLINE

狂飙	kuángbiāo	V	to score high
打趴	dǎpā	V	to soundly defeat; to beat badly
小飞侠	xiǎofēixiá	N	flying warrior (nickname for Kobe Bryant)

PARAGRAPH 1

台裔	táiyì	A	of Taiwanese descent; of Taiwanese heritage
球星	qiúxīng	N	sports star (ball sports)
尼克	níkè	N	(New York) Knicks
哈佛小子	hāfó xiǎozi	N	kid from Harvard
绝对	juéduì	Adv	absolutely; definitely
货真价实	huòzhēnjiàshí	V	to be genuinely good value for money
主场	zhǔchǎng	N	home court
迎战	yíngzhàn	V	to take on; to compete with
总冠军	zǒngguànjūn	N	championship
湖人队	húrénduì	N	(Los Angeles) Lakers
NBA 一哥	NBA yìgē	N	most famous and influential person in the NBA
大对决	dàduìjué	N	grand face-off
生涯	shēngyá	N	career
新高	xīn'gāo	N	record high
既…也…	jì…yě…	Conj	both… and …
掩盖…风采	yǎn'gài…fēngcǎi	VP	to steal someone's thunder; to steal the show from someone
带领	dàilǐng	V	to lead; to guide
4 连胜	sìliánshèng	N	4-game winning streak
气势	qìshì	N	momentum

PARAGRAPH 2

数度	shùdù	Adv	several times
挺身	tǐngshēn	V	to step forward
稳住	wěnzhù	V	to secure
领先	lǐngxiān	N	the lead
先发	xiānfā	N/V	starter; to start
控卫	kòngwèi	N	point guard (= 控球后卫)
老将	lǎojiàng	N	veteran (ballplayer)
大开杀戒	dàkāishājiè	V	to go on a killing spree
下足马威	xiàzúmǎwēi	V	to play tough
进帐	jìnzhàng	V	to collect payment (metaphor for scoring points)
差距	chājù	N	gap; point difference
半场	bànchǎng	N	<sports> half of a game or contest
以…领先	yǐ…lǐngxiān	V	to lead by…points

PARAGRAPH 3

下半场	xiàbànchǎng	N	second half (of a game)
试图	shìtú	V	to attempt to; to try to
反扑	fǎnpū	V	to stage a comeback
缩小	suōxiǎo	V	to shrink
稳住阵脚	wěnzhù zhènjiǎo	VP	to calm one's nerves and play steady
尤其	yóuqí	Adv	especially; particularly
追近至	zhuījìnzhì	V	to catch up and bring the score to…
仅差 3 分	jǐnchà sānfēn	V	to come within 3 points
攻势	gōngshì	N	offensive
无效	wúxiào	V	to be of no effect

PARAGRAPH 4

最夯	zuìhāng	A	the most popular
看板球星	kànbǎn qiúxīng	N	poster boy
超人气	chāorénqì	A	extremely popular
疯狂到…程度	fēngkuángdào…chéngdù	VP	crazed to the point of…

麦迪森花园广场	Màidíxùn Huāyuán Guǎngchǎng	N	Madison Square Garden
爆满	bàomǎn	V	to be packed; to be sold out
球迷	qiúmí	N	(sports) fan
肤色	fūsè	N	skin color
呼喊	hūhǎn	V	to yell; to shout
气氛	qìfēn	N	atmosphere
看出	kànchū	V	to make out; to be able to see

PARAGRAPH 5

此役	cǐyì	N	this match
投球	tóuqiú	V	<basketball> to shoot
投中	tóuzhòng	V	<basketball> to make a shot; to score
罚球	fáqiú	V	<basketball> to attempt a free throw
本季	běnjì	N	this season (本 = 这)
单场	dānchǎng	N	a single game
爵士	juéshì	N	(Utah) Jazz
纪录	jìlù	N	record

PARAGRAPH 6

逾	yú	V	to exceed (= 超过)
助攻	zhùgōng	N	<basketball> assist
热火	rèhuǒ	N	(Miami) Heat
前锋	qiánfēng	N	<basketball> forward
投篮	tóulán	V	to shoot; shot(s)
命中率	mìngzhònglǜ	N	shooting percentage
逾 5 成	yú wǔchéng	V	to exceed 50%

PARAGRAPH 7

胜利	shènglì	N/V	victory; triumph
荣耀	róngyào	N	honor; glory
归功	guīgōng	V	to give the credit to
队友	duìyǒu	N	teammate(s)
这波	zhèbō	N	this wave of…

战绩	TW: zhànjī CN: zhànjì	N	win-loss record
濒临	bīnlín	V	to be on the verge of; to face
垫底	diàndǐ	V	to come last; to sit at the bottom of the rankings
幸赖	xìnglài	V	to be fortunate enough to have
困境	kùnjìng	N	difficult position; predicament
回稳	huíwěn	V	to return to normal
分区	fēnqū	N	\<basketball\> division

Paragraph 8

为	wéi	V	to be (=是); as a…
虔诚	qiánchéng	A	pious; devout
基督徒	jīdūtú	N	Christian
聚焦	jùjiāo	V	to focus on
得意忘形	déyìwàngxíng	V	to be dizzy with success
上帝	Shàngdì	N	God
恩典	ēndiǎn	N	favor; grace
团队运动	tuánduì yùndòng	N	team sports
并肩作战	bìngjiān zuòzhàn	V	to fight side by side; to work together as a team
无法	wúfǎ	V	to be unable to
缔造	dìzào	V	to set (a record)

句型练习 Sentence Patterns

Study the following expressions in context, then use the given samples as a template to compose your own sentences.

1. 结果 (ADV) *jiéguǒ*; "in the end"; "consequently"; "as a result"
   a. 林书豪昨迎战 Kobe Bryant，结果林书豪狂砍 38 分，再创生涯新高。
   b. 调查员询问受访者喜欢北京话还是普通话等问题。结果 34%的人选择「北京话」。
   c. 两名女学生被超速轿车撞倒，结果送医不治。

2. 每当…就 (ADV) *měidāng…jiù*; "whenever…"; "every time"
   a. 湖人在下半场试图反扑，不过每当缩小差距，林书豪就跳出来帮球队稳住阵脚。
   b. 每当希腊危机化险为夷时，德国债券利率就会上扬。
   c. 他每当毒瘾发作，就会开着超跑去找同伙买毒。

3. 尤其 (Adv) *yóuqí*; "especially"; "particularly"
   a. 尤其第 4 节结束前 9 分 29 秒，湖人追近至 67：70 仅差 3 分。
   b. 美国海关近来风声紧，尤其严查怀孕 5 个月以上的中国孕妇。
   c. 今年夏天台风带来的灾害尤其严重。

4. 逾… (V) *yú*; "to exceed"
   a. 林书豪和热火明星前锋 LeBron James 是本季仅有的两名连续 4 场得分逾 20 分、助攻逾 5 次、投篮命中率逾 5 成的球员。
   b. 中国央行引导人民币贬值，造成美国股市三大指数今日收盘跌逾 1%。
   c. 这次暴风雨的泥石流造成逾 100 人被困山中。

5. 并未因…而… (Conj) *bìngwèiyīn…ér…*; "didn't…because of…"
   a. 为虔诚基督徒，林书豪并未因全美媒体疯狂聚焦在他身上而得意忘形。
   b. 这位亿万富豪的资产并未因股价大跌而缩水。
   c. 中国原油需求并未因经济趋缓而下减。

重点理解 Reading Comprehension

依据课文内容回答下列问题:

1. 林书豪毕业于美国的哪一所大学? 毕业后加入 NBA 的哪一支球队?

2. 林书豪在本场比赛中所创造的佳绩为何? (得分、篮板、助攻、超劫分别有多少次? 有没有失误?)

3. 林书豪的球迷为他创造出了哪些口号与标语?

深度思考 Points to Ponder

广泛搜集资料佐证自身观点:

1. 林书豪在球队中打什么位置? 目前效力于哪一支球队?

2. 林书豪的父母来自什么地方? 父母也是身高过人的篮球选手吗?

3. 林书豪的宗教信仰为何? 宗教信仰对他球场上的表现有帮助吗?

Notes

▸ 位置 【wèizhì】 position

▸ 效力 【xiàolì】 "to swear allegiance to"; to play for (a team)

▸ 信仰 【xìnyǎng】 faith; belief

影音体验 Audio-Visual Experience

Watch the video segment below and see what additional details and viewpoints you can glean. Is the incident being viewed from a different perspective? Is it being described using a different set of vocabulary?

LINK: <https://www.youtube.com/watch?v=HJY7LHeue7M>

EXPATRIATE

7 海外华人

Image courtesy of **Eva Rinaldi** on Flickr.
(https://www.flickr.com/photos/evarinaldiphotography/5828523238)

7.1 *Battle Hymn of the Tiger Mother*

阅读前导 Pre-reading

What vocabulary items would you need to successfully engage in a discussion of child rearing? How are these lexical items associated with each other? Are the associations the same in Chinese as they are in English? Brainstorm!

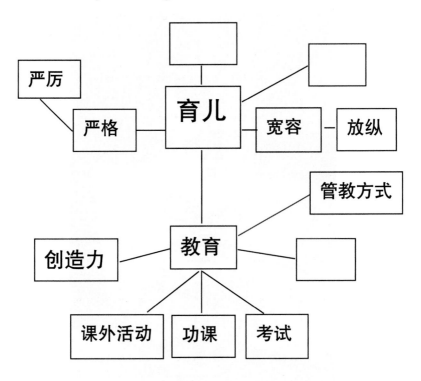

主题探索 Topic Exploration

Use the vocabulary you have compiled to answer, to the best of your ability, the following questions.

1. 小时候，你的父母对你的管教严格吗？你赞同这种管教方式吗？
2. 依你的观察，中国父母管教孩子的方式和西方父母管教孩子的方式有没有什么差别？

'A hilarious, hair-raising memoir'
Sunday Times

'British children could use a Tiger Mother in their tank'
Allison Pearson

'Humorous and sparky'
Mail on Sunday

'Exceptionally, knowingly funny'
India Knight

THE INTERNATIONAL BESTSELLER

Battle Hymn
OF THE
TIGER
MOTHER

AMY CHUA

BLOOMSBURY

Cover designed by Nicole Laroche,
© Bloomsbury Publishing Plc. Used by permission.

中评社	2011.01.24

《虎妈战歌》在北美引发东西方育儿方式热议

【中评社香港1月24日电】「什么对孩子才是最好的」是为人父母后的永恒话题。美国《华尔街日报》日前以《为什么中国妈妈更棒》为题，刊登了耶鲁大学法学华裔教授蔡美儿新书《虎妈战歌》的节选，一时间在北美地区引发对东西方育儿方式的热烈讨论。

新华社报道，书摘一开始就列出了蔡美儿对女儿的十项要求，如不准在同学家留宿，不准留在学校玩，不准看电视或玩电脑游戏，每门功课至少得到 A，必须学习钢琴或小提琴等，还讲述了她不准女儿在练琴时喝水上厕所以求

213

得突破等经历。作者用「中国妈妈」指代不同于西方观念的育儿方式，认为西方人对孩子的宽容超过了对孩子的教育，恰当执行东方的严格家教方式更有助于孩子未来的发展。

书摘很快就引来了 4000 多条读者评论，并且在网络上被广泛转载，引发了关于东西方育儿方式的大讨论。有美国读者评论说，蔡美儿的做法是虐待儿童，进而延伸到亚洲人没有创造力就是这种育儿方式的后果。但也有不少美国家长表示，西方人应当借鉴这种严格的管教方式，并坦承自己也是「虎爸虎妈」。同时还有很多亚裔父母表示，这篇书摘让西方社会对亚裔学生和家庭的误解更加严重。

很多已读过《虎妈战歌》的读者表示，《华尔街日报》的书摘有断章取义之嫌，虽然蔡美儿的很多做法值得商榷，但书中的很多观点都有很强的借鉴意义。蔡美儿在接受《旧金山纪事报》采访时也表示，《华尔街日报》的书摘将她著作中最具争议的章节集中到了一起，书摘的题目也不是出自她的笔下，让人感到无可奈何。

蔡美儿及很多读者都表示，书摘让人感觉《虎妈战歌》是一本「育儿手册」，但这本书其实是一位母亲的心路历程，一部回忆录，一种带自嘲的反思。书中的高潮部分并不是母亲看到女儿钢琴技巧进步的成就感，而是一次和小女儿的激烈争吵让她认识到自己的管教过于严厉，转而让孩子做出自己的选择。

蔡美儿在接受《旧金山纪事报》采访时说，东方式家教方式的局限在于容易限制孩子的选择，不适应孩子的个性化发展，她后悔没有重视女儿的个性需求，也后悔自己有时过于严厉。但她同时也表示，不认同西方理想化的选择和自由，她始终坚信家长才更了解什么对孩子才是好的。「如果让 10 岁的孩子去选择，他／她会永远选电脑游戏。」

关键词汇 Vocabulary

中评社	Zhōngpíngshè		China Review News Agency = 中国评论通讯社

HEADLINE

虎妈战歌	Hǔmā Zhàngē	N	*Battle Hymn of the Tiger Mother* (title of book)
北美	Běiměi	N	North America
引发	yǐnfā	V	to spur; to give rise to
东西方	dōngxīfāng	N	East and West
育儿	yù'ér	N	raising children
方式	fāngshì	N	method
热议	rèyì	N	heated discussion; heated debate

PARAGRAPH 1

永恒	yǒnghéng	A	eternal
话题	huàtí	N	issue; topic of discussion
华尔街日报	Huá'ěrjiē Rìbào	N	*The Wall Street Journal*
以…为题	yǐ…wéití	VP	as the title; titled
刊登	kāndēng	V	to publish (in a journal or newspaper)
法学	fǎxué	N	law; jurisprudence
蔡美儿	Cài Měi'ér		Amy Chua
节选	jiéxuǎn	N	excerpt(s)
热烈	rèliè	A	heated; impassioned
讨论	tǎolùn	N	discussion

PARAGRAPH 2

新华社	Xīnhuáshè	N	Xinhua News Agency
报道	bàodào	V	to report
书摘	shūzhāi	N	book excerpt
列出	lièchū	V	to list
要求	yāoqiú	N	requirement(s)
准	zhǔn	V	to allow; to permit
留宿	liúxiǔ	V	to sleep over

钢琴	gāngqín	N	piano
小提琴	xiǎotíqín	N	violin
讲述	jiǎngshù	V	to narrate; to relate
以求得突破	yǐ qiúde tūpò	V	in order to reach a breakthrough
经历	jīnglì	N	experience(s)
指代	zhǐdài	V	to refer to
不同于	bùtóngyú	V	to be different from
西方	xīfāng	A	Western
观念	guānniàn	N	concept
宽容	kuānróng	V	to tolerate; to be lenient
超过	chāoguò	V	to surpass; to be more than
恰当	qiàdàng	A	appropriate; suitable
执行	zhíxíng	V	to execute
东方	dōngfāng	A	Eastern; East Asian
严格	yán'gé	A	strict; stringent
家教	jiājiào	N	family upbringing; family education
有助于	yǒuzhùyú	V	to be beneficial to
未来	wèilái	N/A	future

PARAGRAPH 3

引来	yǐnlái	V	to attract
读者	dúzhě	N	reader(s)
评论	pínglùn	V/N	to comment; commentary
并且	bìngqiě	Conj	and also
广泛	guǎngfàn	Adv	widely; in a widespread manner
转载	zhuǎnzǎi	V	to repost; to republish
虐待	nüèdài	V	to mistreat; to torture
儿童	értóng	N	children
进而	jìn'ér	Conj	and in addition; and to take it further and
延伸	yánshēn	V	to extend
亚洲人	(CN) yàzhōurén; (TW) yǎzhōurén	N	Asian(s)
创造力	chuàngzàolì	N	creativity
后果	hòuguǒ	N	result; consequence

借鉴	jièjiàn	V	to take a page from; to learn from
管教	guǎnjiào	V	to discipline
坦承	tǎnchéng	V	to admit
误解	wùjiě	N	misunderstanding
更加	gèngjiā	Adv	even more; even greater

PARAGRAPH 4

断章取义	duànzhāngqǔyì	V	to take a statement out of context
之嫌	zhīxián	N	suspicion of
做法	zuòfǎ	N	method(s)
值得商榷	zhíde shāngquè	V	to be dubious; to be arguable
强	qiáng	A	strong
意义	yìyì	N	meaning; significance
旧金山纪事报	Jiùjīnshān Jìshìbào	N	*The San Francisco Chronicle*
最具争议	zuìjù zhēngyì	A	most controversial
章节	zhāngjié	N	chapter; section
集中	jízhōng	V	to concentrate; to bring together
题目	tímù	N	title
出自 someone's 笔下	chūzì … bǐxià	VP	to be penned by; to be authored by
无可奈何	wúkě'nàihé	VP	to be helpless; there is nothing one can do

PARAGRAPH 5

手册	shǒucè	N	handbook; guidebook
心路历程	xīnlùlìchéng	N	journey of the heart; psychological journey
回忆录	huíyìlù	N	memoir
自嘲	zìcháo	N	self-deprecation; self-mockery
反思	fǎnsī	N	reflection
高潮	gāocháo	N	climax; high point
技巧	jìqiǎo	N	technique

进步	jìnbù	V	to improve
成就感	chéngjiùgǎn	N	sense of accomplishment
激烈	jīliè	A	intense
争吵	zhēngchǎo	N	argument; spat
过于	guòyú	Adv	overly
严厉	yánlì	A	strict; demanding
转而	zhuǎn'ér	Adv	instead

PARAGRAPH 6

局限	júxiàn	N	limitation
个性化	gèxìnghuà	A	individualized
后悔	hòuhuǐ	V	to regret
需求	xūqiú	N	need(s)
理想化	lǐxiǎnghuà	A	idealized
选择	xuǎnzé	N	choice
自由	zìyóu	N	freedom
始终	shǐzhōng	Adv	always
坚信	jiānxìn	V	to firmly believe
永远	yǒngyuǎn	Adv	forever; eternally

句型练习 Sentence Patterns

Study the following expressions in context, then use the given samples as a template to compose your own sentences.

1. 日前 (ADV) *rìqián*; "not long ago"; "a few days ago"
   a. 美国《华尔街日报》日前以《为什么中国妈妈更棒》为题，刊登了耶鲁大学法学华裔教授蔡美儿新书《虎妈战歌》的节选。
   b. 日前英国前任港督到访香港，却没有接受媒体采访。
   c. 日前，艺术设计学院院长已经认定石元伍涉嫌外形抄袭，其系主任职务已被暂停。

2. 以…为题 (VP) *yǐ...wéití*; "to use...as the headline"; "to use...as a title"
    a. 美国《华尔街日报》日前以《为什么中国妈妈更棒》为题，刊登了耶鲁大学法学华裔教授蔡美儿新书《虎妈战歌》的节选。
    b. 许多人读小学的时候都写过以《我的理想》为题的作文。
    c. 最近的一场手表设计大赛，邀请专业制表师以伦敦的大笨钟 (Big Ben) 为题，设计出不同款式的手表。

3. 有助于 (V) *yǒuzhùyú*; "to be beneficial to"; "to be helpful to"
    a. 作者用「中国妈妈」指代不同于西方观念的育儿方式，认为西方人对孩子的宽容超过了对孩子的教育，恰当执行东方的严格家教方式更有助于孩子未来的发展。
    b. 研究证明多做运动有助于身体健康。
    c. 中国政府表示，人民币贬值有助于中国加快经济增长。

4. 值得商榷 (V) *zhíde shāngquè*; "to be questionable"
    a. 虽然蔡美儿的很多做法值得商榷，但书中的很多观点都有很强的借鉴意义。
    b. 这个故事的可信度值得商榷，但故事真的写得很好看。
    c. 市政府为了增加收益，在周日增收停车费的提案值得商榷。

5. 无可奈何 (V) *wúkě'nàihé*; "to be helpless"; "for there to be nothing one can do"
    a. 蔡美儿在接受《旧金山纪事报》采访时也表示，《华尔街日报》的书摘将她著作中最具争议的章节集中到了一起，书摘的题目也不是出自她的笔下，让人感到无可奈何。
    b. 明明才付过电费，可电力公司说没有收到，并且还切断了电，真的让人感到又生气又无可奈何。
    c. 房价高涨，房客对于连连上涨的租金都无可奈何。

重点理解 Reading Comprehension

依据课文内容回答下列问题：

1. 《虎妈战歌》作者蔡美儿，在养育女儿时有哪十项要求？
2. 赞同与批评《虎妈战歌》的西方人士各自提出了哪些论点？
3. 《虎妈战歌》作者蔡美儿认为，中、西式教育各有哪些局限与缺点？

深度思考 Points to Ponder

广泛搜集资料佐证自身观点：

1. 《虎妈战歌》一书出版至今，是正面评论较多还是负面评论较多？专家针对「虎妈」的教育策略与价值观提出了哪些看法？
2. 海外华人多半使用「虎妈」的教育方式吗？中国的父母亲是否采纳「虎妈」的价值观？问问你身边的中国朋友们，看看他们有何感想。
3. 《虎妈战歌》作者蔡美儿对女儿的十项要求，你认为合理吗？为什么？

Notes

▸ 至今 【zhìjīn】 to this day; so far
▸ 正面 【zhèngmiàn】 positive
▸ 负面 【fùmiàn】 negative
▸ 针对 【zhēnduì】 to be directed against; to be aimed at
▸ 策略 【cèluè】 tactics; strategy
▸ 价值观 【jiàzhíguān】 core values; value system
▸ 采纳 【cǎinà】 to accept; to adopt

影音体验 Audio-Visual Experience

Watch the video segment below and see what additional details and viewpoints you can glean. Is the incident being viewed from a different perspective? Is it being described using a different set of vocabulary?

LINK: <https://www.youtube.com/watch?v=lydLGRYw-Q0>

7.2 Birth Tourism

阅读前导 Pre-reading

What vocabulary items would you need to successfully engage in a discussion of Chinese birth tourism? How are these lexical items associated with each other? Are the associations the same in Chinese as they are in English? Brainstorm!

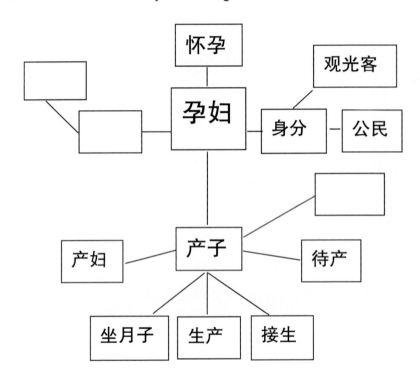

主题探索 Topic Exploration

Use the vocabulary you have compiled to answer, to the best of your ability, the following questions.

1. 获得美国国籍的方式有哪些？获得中国国籍的方式有哪些？
2. 你的国家承认双重国籍吗？你赞成双重国籍吗？

Image courtesy of **Richelle M. Shum**.

苹果日报	2013.06.23

直击 陆孕妇抢赴美待产

占华人区医院半数名额 豪砸 90 万坐月子

【大陆中心／综合报导】中国孕妇进军纽约待产！香港去年起严格限制非港籍中国孕妇赴港生产后，不少准妈妈将目标转向美国。香港《苹果日报》直击发现，除美国西岸华人聚集的洛杉矶外，东岸纽约也遭中国孕妇攻占，华人聚集区的医院甚至有半数产妇来自中国，全包式服务的坐月子中心如雨后春笋般出现，尽管每产次收费达 90 万元台币，业者仍「忙不过来」。

为让孩子「免当中国人」，中国孕妇这一两年来疯狂涌向美国生产。纽约华人聚集的法拉盛区私立皇后医院更成为中国孕妇生产「重镇」，院内一名年轻助理护士透露，收治孕妇中超过半数是中国人，「她们大多不懂英文，我们有翻译员，她们有什么需要就打电话通过翻译再告诉我们。」

生完「落跑」赖账

而法拉盛区的坐月子中心近来更呈几何级数增长，并采「全包式」服务，从孕妇接机开始，直到产后婴儿文件等全部包办，每产次收费高达 90 万元台币，仍供不应求。一家中心负责人说：「我们是靠客人介绍，但都忙不过来。」

来自福建的张小姐，两年前与朋友合资在纽约开了一家坐月子中心，近来更扩大营业，「这一两年生意特别好，之前（中国孕妇）都跑到香港生，现在不行了。」她说在美待产的好处是，只要成功入境就能生产，「在美国，你没有任何身份、任何资料，他都会救你，就算你没有一分钱，美国医生都会先救人，不像中国，要有钱才帮你。」

尽管美国医疗费用高昂，每胎光接生不含住院便要 26 万元台币起跳，但只要在产前两个月入境美国，办理医疗保险便可省下约 30 万元台币。此外，由于美国医院多半在产后才需付款，部分中国孕妇索性生完后携子「落跑」赖账。当地一名华人律师坦承：「的确有不少人这样做，挺丢人的。」

海关已开始严查

蜂拥而入的中国产妇潮引起美国当局注意，现在不但增加对入境中国妇女的盘查，还缩短签证时间。经营月子中心的刘先生披露：「纽约现在还 OK，洛杉矶、西雅图那边更紧张。」并表示美国海关近来风声紧，尤其严查怀孕 5 个月以上的中国孕妇，上周三便有 4 名北京孕妇在西雅图遭原机遣返。

中国孕妇赴美产子好处

●孩子出生就是美国公民，成年后还可协助父母依亲移民
●孩子可享受 13 年义务教育，且学费低
●可在美国行使选举权和被选举权

●持美国护照可免签进出全球 186 个国家
●可享受美国较完善的社会保障体系与规范清楚的商业保
险体系

资料来源：《苹果》资料室

关键词汇 Vocabulary

HEADLINE

直击	(CN) zhíjī; (TW) zhíjí	V	to view directly; to gain live access
陆	lù	N	short for 大陆— mainland China
孕妇	yùnfù	N	pregnant woman
抢	qiǎng	V	to rush
赴	fù	V	to go to
美	Měi	N	short for 美国– the United States
待产	dàichǎn	V	to await childbirth
占	zhàn	V	to occupy; to account for
华人区	huárénqū	N	Chinese district; Chinese area
半数	bànshù	N	half
名额	míng'é	N	quota; availability
豪	háo	Adv	extravagantly
砸	zá	V	to dish out; to spend
坐月子	zuòyuèzi	N	the Chinese practice of allowing a woman to rest and undergo a month-long rehabilitation on a special diet immediately after giving birth

PARAGRAPH 1

进军	jìnjūn	V	to advance towards; to march towards
非	fēi	pfx	non-
港籍	gǎngjí	A	of Hong Kong citizenship
生产	shēngchǎn	V	to give birth

转向	zhuǎnxiàng	V	to turn to
西岸	xī'àn	N	west coast
聚集	jùjí	V	to be gathered at
洛杉矶	Luòshānjī	N	Los Angeles
东岸	dōng'àn	N	east coast
攻占	gōngzhàn	V	to occupy; to take over
全包式	quánbāoshì	A	full-service; all-inclusive
中心	zhōngxīn	N	center
如雨后春笋般	rú yǔhòuchūnsǔn bān	V	to mushroom; to spring up like mushrooms (literally "like bamboo shoots after rainfall")
尽管	jǐn'guǎn	Adv	despite the fact that
收费	shōufèi	V/N	to charge; charge; price
业者	yèzhě	N	those in the industry; merchant(s)
忙不过来	mángbúguòlái	V	to have their hands full; to do brisk business

PARAGRAPH 2

免当	miǎn dāng	V	to not have to be; to not have to become
涌向	yǒngxiàng	V	to stream towards
法拉盛区	Fǎlāshèngqū	N	(City of) Flushing (New York)
私立	sīlì	A	private
皇后医院	Huánghòu Yīyuàn	N	New York Hospital Queens
重镇	zhòngzhèn	N	important city; site of strategic importance
助理护士	zhùlǐ hùshì	N	assistant nurse
收治	shōuzhì	V	to receive and treat
翻译员	fānyìyuán	N	translator; interpreter
需要	xūyào	N	need(s)

PARAGRAPH 3

落跑	làopǎo	V	to disappear; to go AWOL
赖账	làizhàng	V	to refuse to pay; to become a deadbeat
呈几何级数	chéng jǐhéjíshù	Adv	at an exponential rate
增长	zēngzhǎng	V	to grow
采	cǎi	V	short for 采取—adopt (a certain method)
接机	jiējī	N	airport pickup
产后	chǎnhòu	Adv	after childbirth; postpartum
婴儿	yīng'ér	N	infant
文件	wénjiàn	N	document(s); documentation
包办	bāobàn	V	to include everything; to be all-inclusive
供不应求	gōngbúyìngqiú	V	to be in short supply; to be unable to meet the great demand
靠	kào	V	to rely on

PARAGRAPH 4

福建	Fújiàn	N	Fujian province
合资	hézī	V	to pool funds
扩大	kuòdà	V	to expand
营业	yíngyè	V	to run; to operate (a business)
入境	rùjìng	V	to enter the country
身份	shēnfèn	N	legal status
资料	zīliào	N	information

PARAGRAPH 5

医疗费用	yīliáo fèiyòng	N	medical costs
高昂	gāo'áng	A	high
光	guāng	Adv	only just
接生	jiēshēng	N	delivery of a child; delivery of birth

不含	bùhán	V	to not include
住院	zhùyuàn	N	hospital stay
起跳	qǐtiào	V	to take as a starting price; to charge upwards of
办理	bànlǐ	V	to apply for; to complete the paperwork for
医疗保险	yīliáo bǎoxiǎn	N	medical insurance; health insurance
省下	shěngxià	V	to save (money)
部分	bùfen	Det	some
索性	suǒxìng	Adv	on a whim
携子	(CN) xiézǐ; (TW) xīzǐ	V	take their child
的确	díquè	Adv	indeed
丢人	diūrén	A	disgraceful; shameful

PARAGRAPH 6

海关	hǎiguān	N	(U.S.) Customs
严查	yánchá	V	to inspect strictly
蜂拥而入	(CN) fēngyōng'érrù (TW) fēngyǒng'érrù	V	to arrive in a swarm; to enter in droves
…潮	…cháo	N	wave (of people)
引起	yǐnqǐ	V	to attract
美国当局	Měiguó dāngjú	NP	U.S. authorities
注意	zhùyì	N	attention
盘查	pánchá	N	inspection
缩短	suōduǎn	V	to shorten
披露	pīlù	V	to expose; to reveal
西雅图	Xīyǎtú	N	Seattle
风声紧	fēngshēngjǐn	V	to be on high alert
原机遣返	yuánjī qiǎnfǎn	V	to send back on the same plane; to subject to immediate deportation

PARAGRAPH 7

好处	hǎochù	N	advantage(s)
美国公民	Měiguó gōngmín	NP	U.S. citizen; American citizen
成年	chéngnián	V	to turn adult
协助	xiézhù	V	to assist
依亲移民	yīqīnyímín	V	to immigrate for family reasons
享受	xiǎngshòu	V	to enjoy
义务教育	yìwù jiàoyù	N	compulsory education
学费	xuéfèi	N	tuition
行使	xíngshǐ	V	to execute; to practice
选举权	xuǎnjǔquán	N	the right to vote
被选举权	bèi xuǎnjǔquán	N	the right to be elected to office
持	chí	V	to hold; to possess
护照	hùzhào	N	passport
免签	miǎnqiān	Adv	visa-free; without the need to obtain a visa
全球	quánqiú	A	all over the world
完善	wánshàn	A	perfect; complete
社会保障	shèhuì bǎozhàng	N	social security
体系	tǐxì	N	system
规范	guīfàn	V	to regulate
商业	shāngyè	A	commercial

句型练习 Sentence Patterns

Study the following expressions in context, then use the given samples as a template to compose your own sentences.

1. 占…名额 (VP) *zhàn…míng'é*; "to take up…of the quota"
   a. 中国孕妇进军纽约待产，占华人区医院半数名额！
   b. 这家小学优先让员工的子女入学，但员工子女就占了招生名额的一半。
   c. 选择攻读计算机专业的女大学生与日俱增，占所有计算机主修学生名额的一半以上。

2. 将目标转向 (V) *jiāng mùbiāo zhuǎnxiàng*; "to set one's sights on"; "to turn to...as a goal"
    a. 香港去年起严格限制非港籍中国孕妇赴港生产后，不少准妈妈将目标转向美国。
    b. 在中国喜欢用苹果手机的用户在国内抢购不到苹果手机，便将目标转向香港，到香港的电器用品行去抢购。
    c. 中国近年来的快速发展也使美国逐渐将战略目标转向中国。

3. 如雨后春笋般 (ADV) *rú yǔhòu chūnsǔn bān*; "(to pop up) like mushrooms"
    a. 华人聚集区的医院甚至有半数产妇来自中国，全包式服务的坐月子中心如雨后春笋般出现。
    b. 课后补习班业者看准中国父母望子成龙的心态，大大小小的补习班如同雨后春笋般涌现在港台的大街小巷。
    c. 日本料理店近年来在欧美各大城市如雨后春笋般开张营业。

4. 尽管 (CONJ) *jǐn'guǎn*; "although"; "despite the fact that"
    a. 尽管美国医疗费用高昂，每胎光接生不含住院便要 26 万元台币起跳，但只要在产前两个月入境美国，办理医疗保险便可省下约 30 万元台币。
    b. 尽管每产次收费达 90 万元台币，业者仍「忙不过来」。
    c. 尽管像李小龙为亚裔男人树立了阳刚的榜样，亚裔男人还是常被认为花更多时间在念书，而不是在健身房练举重。

5. 供不应求 (V) *gōngbúyìngqiú*; "to be unable to meet demand"
    a. 法拉盛区的坐月子中心近来更呈几何级数增长，并采「全包式」服务，从孕妇接机开始，直到产后婴儿文件等全部包办，每产次收费高达 90 万元台币，仍供不应求。
    b. 全球有许多喜爱苹果电子产品的忠实用户，致使每次苹果推出新产品往往都供不应求，很快就被一扫而空。
    c. 美国各大学每到开学前夕，学生宿舍及校园附近的公寓，总是出现供不应求的现象。

重点理解 Reading Comprehension

依据课文内容回答下列问题：

1. 美国有哪些城市是中国产妇前来产儿的热门地点？协助她们产子的机构提供什么样的服务？价钱约是多少？

2. 中国孕妇为何热衷前来美国产子？在美国产子能获得哪些好处？

3. 中国孕妇蜂拥至美国之前，也曾经热衷到哪一个国家或地区产子？

深度思考 Points to Ponder

广泛搜集资料佐证自身观点：

1. 美国海关是否禁止中国孕妇以产子为目的而进入美国？是否有哪些防制措施？

2. 美国洛杉矶的居民，曾因为产房资源被外来的中国产妇占据殆半而发起了什么抗议行动？

3. 如果儿女在美国出生，获得美国籍，其父母能获得哪些好处？儿女能帮父母移民美国吗？

Notes

▸ 禁止【jìnzhǐ】to prohibit; to ban; to forbid
▸ 产子【chǎnzǐ】to give birth
▸ 防制【fángzhì】prevention
▸ 措施【cuòshī】measures; methods
▸ 产房【chǎnfáng】delivery room
▸ 资源【zīyuán】resource
▸ 占据【zhànjù】to occupy
▸ 殆半【dàibàn】almost half; the greater part of
▸ 发起【fāqǐ】to launch; to initiate
▸ 获得【huòdé】to gain; to obtain

影音体验 Audio-Visual Experience

Watch the video segment below about a similar story and compare the details of the incident with the story you have just studied. What are the similarities? What are the differences?

LINK: <https://www.youtube.com/watch?v=Rylt2-uV3Bc>

参考资料 Additional Resources

The phenomenon of "birth tourism" by Chinese nationals is depicted in the 2013 romantic comedy *Finding Mr. Right*《北京遇上西雅图》. Watch the film and decide whether the depiction is realistic based on whether or not it is consistent with the facts you find in these news reports.

7.3 Cross-Cultural Relationships

阅读前导 Pre-reading

What vocabulary items would you need to successfully engage in a discussion of cross-cultural relationships? How are these lexical items associated with each other? Are the associations the same in Chinese as they are in English? Brainstorm!

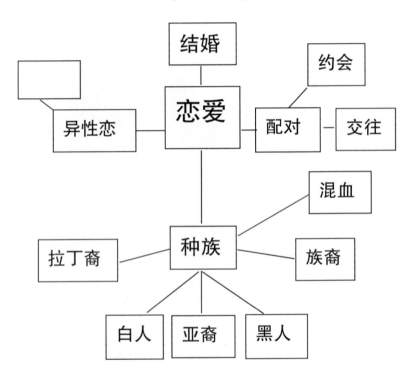

主题探索 Topic Exploration

Use the vocabulary you have compiled to answer, to the best of your ability, the following questions.

1. 谈恋爱时，你会不会偏好和特定种族的对象交往？为什么？ 有没有什么种族是你不考虑交往的？
2. 在你的生活圈里，你认为什么种族的女孩子最得男性喜爱？ 什么种族的男士最有女人缘？为什么？

Image courtesy of **Yang Xiao** and **Tushar Desai**.

东森新闻   2013.11.25

跨文化恋爱真相

亚裔女子最惹人追求 亚裔男没人爱

【记者林蕙娟／综合报导】期待谱出异国恋曲吗？告诉你跨文化恋爱（CCR--Cross Cultural Romance）的真相——大多数男人想追亚裔女子，大多数女人喜欢白种男人。亚裔男人啊，你最不受喜爱。

脸书（Facebook）的约会 APP「你有兴趣吗」（AYI--Are You Interested），号称拥有超过 7 千万用户，是脸书上最大的约会 APP。它的使用原理是：让用户浏览其他用户的照片，选择想要约会的对象，如果感兴趣，就点击「是」（Yes），对方就会收到通知，若也有意，就有可能回应。

研究人员即根据「你有兴趣吗」被点击「是」的用户性别和种族，研究出「跨文化恋爱的真相」——此研究针对240 万名异性恋者，平均年龄是 35 岁以上。

研究发现，大多数男人更喜欢亚裔女子（除了亚裔男性，亚裔男性喜欢拉丁裔女子），而几乎所有的女人（除了非裔女子，非裔女子喜欢同种男人）是最受白种男子吸引。

有趣的是，这项研究发现，不管是什么种族的男人，倾向于更喜欢「非我族类」的女性；而亚裔女性更喜欢白种男子，她们对白种男子的邀约回应，就是比其他种族男人来得高；另外，男人对非裔女子的兴趣，低于对亚裔、拉丁裔和白人女性。

上述「亚裔女子最受欢迎，亚裔男没人爱」的事实，其实并不令人意外，只是再次印证事实罢了。《PolicyMic》报导，事实上，社群网站上亚裔女子更容易被搭讪，这种趋势普遍被称为「黄热病」（yellow fever），并不是一种新的现象，因为亚裔女子散发出异国情调的吸引力，让男人产生温顺和逆来顺受的幻想。

亚裔女子这么抢手，但亚裔男人却不然。亚裔女子和其他种族的男子配对的组合很常见，但亚裔男人却很少出现在 CCR 情侣档中。《PolicyMic》作者 Justin Chan 写道，就像我的黑人女性朋友说的，「亚裔男人和黑人女子可能是最不受欢迎的人。」

2007 年，哥伦比亚大学做了一个研究，找了 400 多名学生参与「快速约会」（speed dating）的活动。结果显示，非裔和白人妇女对亚裔男人说「Yes」的机率，就是比对同种男子低了 65%；而即使亚裔美国男人往往与亚裔美国女人约会和结婚，但亚裔男人对所有种族女人的吸引力就是低，包括对亚裔女人。

尽管像李小龙为亚裔男人树立了阳刚的榜样，亚裔男人还是常被认为花更多时间在念书，而不是在健身房练举重，在流行文化中的形象往往是说话轻声细语（娘娘腔）、很少参加活动（阿宅）、而且骨瘦如柴（肌弱软男），这都与女人想要的「有自信、高大、黝黑帅气」相反。

关键词汇 Vocabulary

HEADLINE

跨文化	kuàwénhuà	A	cross-cultural
恋爱	liàn'ài	N	romantic relationship
真相	zhēnxiàng	N	truth
亚裔	(CN) yàyì; (TW) yǎyì	A	of Asian descent; Asian-American
惹人	rěrén	V	to arouse; to cause people to
追求	zhuīqiú	V	to pursue

PARAGRAPH 1

期待	(CN) qīdài; (TW) qídài	V	to look forward to; to wish for
谱出…恋曲	pǔchū…liànqǔ	V	to be in love; to be in a romantic relationship (literally "to compose a lovesong")
异国	yìguó	A	foreign; international

PARAGRAPH 2

约会	yuēhuì	V/N	to date; dating
号称	hàochēng	V	to self-proclaim
拥有	(CN) yōngyǒu; (TW) yǒngyǒu	V	to have; to possess
超过	chāoguò	Adv	more than
用户	yònghù	N	user(s)
使用	shǐyòng	V	to use
原理	yuánlǐ	N	principle; basic philosophy
对象	duìxiàng	N	partner; romantic interest
感兴趣	gǎnxìngqù	V	to be interested in
点击	(CN) diǎnjī; (TW) diǎnjí	V	to click (on a link)
对方	duìfāng	N	the other part
通知	tōngzhī	V	to notify
有意	yǒuyì	V	to be interested
回应	huíyìng	V	to respond; to reply

PARAGRAPH 3

研究人员	(CN) yánjiū rényuán; (TW) yánjiù rényuán	N	researcher(s)
即	jí	Adv	exactly; precisely
性别	xìngbié	N	gender; sex
种族	zhǒngzú	N	race; ethnicity
针对	zhēnduì	Adv	to focus on
平均	píngjūn	A	average
年龄	niánlíng	N	age
以上	yǐshàng	Suff	over; higher than

PARAGRAPH 4

男性	nánxìng	N	male(s); men
拉丁裔	lādīngyì	A	hispanic; latino
非裔	fēiyì	A	of African descent; African-American
白种	báizhǒng	A	white; Caucasian
受人吸引	shòurén xīyǐn	V	to be attractive to others

PARAGRAPH 5

倾向	qīngxiàng	N	tendency; trend
非我族类	fēiwǒzúlèi	V	to be of a different race
邀约	yāoyuē	N	invitation; overture
低于	dīyú	V	to be lower than
白人	báirén	N	white people; Caucasian people

PARAGRAPH 6

上述	shàngshù	N	the aforementioned
事实	shìshí	N	fact(s)
其实	qíshí	Adv	actually; as a matter of fact
令人意外	lìngrényìwài	V	to be unexpected
印证	yìnzhèng	V	to corroborate
只是…罢了	zhǐshì…bàle	V	to be no more than...

社群网站	shèqún wǎngzhàn	N	social media website
搭讪	dāshàn	V	to chat up; to hit on
趋势	qūshì	N	trend
普遍	pǔbiàn	Adv	commonly
称为	chēngwéi	V	to call; to refer to as
散发出	sànfāchū	V	to emit; to give off
异国情调	yìguó qíngdiào	N	exotic flavor; exotic vibe
吸引力	xīyǐnlì	N	attraction; attractiveness
温顺	wēnshùn	A	gentle
逆来顺受	nìláishùnshòu	A	submissive
幻想	huànxiǎng	N	fantasy

PARAGRAPH 7

抢手	qiǎngshǒu	V	to be in demand
却不然	quèbùrán	V	to not be the case
配对	pèiduì	N	partnering; coupling; pairing
组合	zǔhé	N	partnering; coupling; pairing
情侣档	(CN) qínglǚdàng; (TW) qínglǚdǎng	N	(romantic) couple

PARAGRAPH 8

参与	cānyù	V	to take part in; to participate in
快速约会	kuàisù yuēhuì	N	speed dating
活动	huódòng	N	event; activity; function
显示	xiǎnshì	V	to show
机率	jīlǜ	N	probability; chance
同种	tóngzhǒng	A	same race
即使	jíshǐ	Conj	even if

PARAGRAPH 9

李小龙	Lǐ Xiǎolóng	N	Bruce Lee
树立	shùlì	V	to set (an example)
阳刚	yánggāng	A	masculine

榜样	bǎngyàng	N	role model; positive example
健身房	jiànshēnfáng	N	gym
练举重	liàn jǔzhòng	V	lift weights
流行文化	liúxíng wénhuà	N	popular culture
形象	xíngxiàng	N	image
轻声细语	qīngshēngxìyǔ	A	soft-spoken
娘娘腔	niángniángqiāng	A	effeminate
阿宅	āzhái	N	nerd
骨瘦如柴	gǔshòurúchái	A	skinny; extremely thin
肌弱	jīruò	A	"weak-muscled"
软男	ruǎnnán	N	"soft man"
自信	zìxìn	A	confident
高大	gāodà	A	tall and muscular
黝黑	yǒuhēi	A	dark-skinned; tanned
帅气	shuàiqì	A	handsome
相反	xiāngfǎn	V	to be the opposite of

句型练习 Sentence Patterns

Study the following expressions in context, then use the given samples as a template to compose your own sentences.

1. 号称 (V) *hàochēng*; "to claim to be"
   a. APP「你有兴趣吗」号称拥有超过 7 千万用户，是脸书上最大的约会 APP。
   b. 李医师号称是这个国家最好的心脏外科医生。
   c. 德国啤酒号称是全世界最好喝的啤酒。

2. 针对 (V) *zhēnduì*; "to focus on"; "to be directed against"; "to be aimed at"
   a. 此研究针对 240 万名异性恋者，平均年龄是 35 岁以上。
   b. 专家针对「虎妈」的教育策略与价值观提出了一些重要的看法。
   c. 教师应该针对不同程度的学生，设计不同的课程内容。

240

3. …以上 (ADV) …*yǐshàng*; "more than…"
   a. 此研究针对 240 万名异性恋者，平均年龄是 35 岁以上。
   b. 美国海关近来风声紧，尤其严查怀孕 5 个月以上的中国孕妇。
   c. 每个月光是最低应缴金额就要两万五千多元，占去她薪水的一半以上。

4. 产生…的幻想 (VP) *chǎnshēng…de huànxiǎng*; "to fantasize about…"; "to have fantasies about…"
   a. 因为亚裔女子散发出异国情调的吸引力，让男人产生温顺和逆来顺受的幻想。
   b. 一般的男人，看到亚裔女子会产生什么样的幻想？
   c. 中秋节望着月亮会让人产生嫦娥奔月和玉兔捣药的幻想。

5. 往往 (ADV) *wǎngwǎng*; "often"; "more often than not"
   a. 即使亚裔美国男人往往与亚裔美国女人约会和结婚，但亚裔男人对所有种族女人的吸引力就是低。
   b. 亚裔美国男人在流行文化中的形像往往是说话轻声细语、很少参加活动、而且骨瘦如柴。
   c. 天气好的时候，他往往会走路去上课。

重点理解 Reading Comprehension

依据课文内容回答下列问题：

1. 文中表示，透过脸书（Facebook）APP 上网交友的各族裔男性中，其最向往追求的是哪一个族裔的女朋友？原因是什么？

2. 透过脸书（Facebook）APP 上网交友的各族裔女性中，其最向往交往的是哪一个族裔的男朋友？原因是什么？

3. 在跨族裔交往中，最不受欢迎的是哪一族裔的男性和哪一族裔的女性？为什么？

深度思考 Points to Ponder

广泛搜集资料佐证自身观点：

1. 文中表示，男女在网上交友时多半偏好「非我族类」的对象。你同意吗？为什么？

2. 在娱乐圈中，亚裔女嫁白人男的例子繁不胜举，而亚裔男娶白种女的搭配寥寥可数。这是否与文中所提到的趋势一致？你能想到的例子有哪些？

3. 跨文化恋爱婚后的幸福指数，与同一族裔通婚后的幸福指数是否有异？两者在离婚率方面是否有差别？

Notes

▸ 偏好 【piānhào】 to favor; to have a penchant for

▸ 娱乐圈 【yúlèquān】 show business; entertainment circles

▸ 繁不胜举 【fánbùshēngjǔ】 to be too numerous to mention

▸ 寥寥可数 【liáoliáokěshǔ】 to be very few in numbers; to be so few that one can count them with one's fingers

▸ 与…一致 【yǔ…yízhì】 to be consistent with

▸ 跨文化恋爱 【kuàwénhuà liàn'ài】 cross-cultural relationship; interracial love

▸ 幸福 【xìngfú】 happiness; well-bring

▸ 指数 【zhǐshù】 index (number); indicator

▸ 同一族裔通婚 【tóngyī zúyì tōnghūn】 same-race marriage

▸ 与…有异 【yǔ…yǒuyì】 to be different from

▸ 离婚率 【líhūnlǜ】 divorce rate

▸ 差别 【chābié】 difference